現代日本語の文法 I
「のだ」の意味と用法

田野村忠温

IZUMI BOOKS 7

和泉書院

　　　　4　発言の主眼
　　　　5　後件が命令などのときの含み
　　　　6　後件の省略
　　　　7　「のだし」「のだもの」
第9章　「のだった」……………………………………………115
　　　　1　表現の視点の特殊性
　　　　2　反復や習慣の含み
　　　　3　特殊な「た」の場合
第10章　補足的な要因 …………………………………………127
　　　　1　述語の種類と「のダ」
　　　　2　文内での位置と「のダ」
　　　　3　推定の「のではないか」
　　　　4　形容詞述語文における「のです」
第11章　定義をめぐる問題 ……………………………………136
　　　　1　文末の「の」
　　　　2　「ので」

補説A　終助詞 …………………………………………………143
補説B　疑問文の形式 …………………………………………151
補説C　否定疑問文の類型 ……………………………………155
補説D　「のダ」の研究史(付 文献目録)……………………178

あとがき

第1章　はじめに

　現代日本語において頻繁に用いられる文末表現形式の一つに、「のだ」がある。[1)]
　　　雨が降ったのだ。
　この文は、構文上どのように理解すべきものであろうか。ときに、線条的な見方に基づく説明がなされることがある。それによると、「雨が降ったのだ」という文は、「雨が降った」に「のだ」という形式が加えられることによって成立する。あるいは、「雨が降った」に「の」を加えて体言化し、これに助動詞「だ」を接続するという言い方がされることもある。
　こうした考え方そのものに誤りがあるわけではないが、そこには重要な視点が欠落していることが多い。それは、「雨が降ったのだ」という文は、名詞を述語とする主題-解説型の文「〜は〜だ」の解説の位置（つまり、「〜だ」の位置）に、述語を中心とする「雨が降った」という表現が現れたものだとする視点である。「雨が降ったのだ」という文の背後には、ことばの形では表現されていないにせよ、「〜は」という主題（例えば、「地面が濡れているのは」という主題）が常に潜んでいる。つまり、「雨が降ったのだ」という文は、次のような構造を持つものと考えられるわけである。
　　　地面ガ濡レテイルノハ(=主題)、雨が降ったのだ(=解説)。
　「雨が降ったのだ」の「の」は、「地面が濡れているのは」の「の」と同様、専ら構文上の理由によって機械的に挿入されるに過ぎず、

意味的には何らの積極的な機能も果たさないものと考えるのがよい。

　もっとも、このような考え方は特に目新しいものではなく、従来の諸説のうちにも読み取ることができるものである。中でも、寺村秀夫氏は次のように明言しておられる[2]。

　　ノダは、だから、元来は、「XハYダ」のYが文であったためにノがつけられそれにダがついたものである。
　　　アレハ何ダ？
　　　――食用蛙ダ。
　　　アノ音ハ何ダ？
　　　――食用蛙ガナイテイルノダ。

　さて、名詞述語は、一般に、「本だ」という形で用いられるだけでなく、「本か？」「本だろう」「本ではない」「本なら〜」「本だから〜」といった諸々の形で用いられる。「のだ」も、その例外ではない。

　　雨が降ったのか？

　　雨が降ったのだろう。

　　雨が降ったのではない。

　　雨が降ったのなら〜

　　雨が降ったのだから〜

　ここで、「本だ」「本か？」「本だろう」「本ではない」「本なら」「本だから」などの言い方に共通して含まれる、述語の中核とでも言うべき部分を、「本ダ」と表記するものと約束する。「本ダ」は、「本だ」と同じものではなく、いわゆる言い切りの形であるという側面を「本だ」から取り去ったものである。この約束に従うと、

「雨が降ったのだ」「雨が降ったのか？」「雨が降ったのだろう」その他の言い方に共通する部分は、「雨が降ったのダ」と表されることになる。「雨が降ったのダ」は、言い切りの形では「雨が降ったのだ」になり、「か」「だろう」などが加わると「雨が降ったのか」「雨が降ったのだろう」などになるわけである。

また、名詞述語は、いわゆる助詞や助動詞を伴わず、名詞だけで表されることもある。例えば、「本？——そう、本」という対話においては、名詞「本」で終わる文が、発問やいわゆる断定に用いられている。「のダ」の場合も、同様に、

　　雨が降ったの？——そう、雨が降ったの。

のような対話が可能である。これらの「の」で終わる言い方は、それぞれ、「雨が降ったのか？」「雨が降ったのだ」の文体的な変異形と見てよい。[3]

なお、「のだ」の「だ」の部分を変えると、「のである」「のです」「のでございます」、「の」の部分を「ん」にすると、「んだ」「んです」などの文体的な変異形ができる。以下においては、言及の都合上、そうした変異形のすべてを「のだ」で代表させることにする。これと同じように、「のか」「のですか」「のでございますか」などを「のか」で代表させ、「のだろう」「のでしょう」「のでございましょう」などを「のだろう」で代表させることにする。その他の場合についても同様である。

さて、構文的には以上のように理解される「のダ」の意味と用法について考えてみようというのが、本書の主題である。この問題に関しては、過去の研究によってすでに種々のことがらが明らかにされており、ここで述べる内容にはそれと重なるところもあ

る。以下の章においては、「のダ」を伴う文と伴わない文とで意味がどう異なるか、「のダ」はどのような条件のもとで用いられるのか（または、逆に、用いられないのか）、といったことを手がかりに考察を進め、「のダ」の意味と用法に関してできる限り統一的な理解を得るよう努めたい。

　注
　1）「のだ」の研究史については、巻末の補説Dを参照していただきたい。
　なお、本書において、例文の末尾の「？」は、文末音調の上昇を表す。また、「?」は、その文（または、その語句を含む文）が、意図された意味を表す文として不適切であることを示す。例文に関してどのような意味が意図されているかは、議論の文脈や常識などから判断し得るかぎり明記しない。また、不適切さの原因や不適切さの程度は場合によって異なるが、特に区別することなく「?」で示す。
　2）寺村秀夫氏「ムードの形式と意味（2）——事態説明の表現——」（『文芸言語研究（言語篇）』第5巻、筑波大学文芸・言語学系、1980年）。
　3）文末において用いられる「の」は終助詞とされることも多いが、これは不適切な見方である。こうした「の」が「のダ」の現れの一つの形であることは、その働きから考えても直感的に明らかであると思われるが、奥津敬一郎氏「『の』のいろいろ」『口語文法講座3 ゆれている文法』（明治書院、1964年）には、構文上の根拠に基づいた論証がある（補説D参照）。ただ、厳密に言うと、文末に現れる「の」がすべて「のダ」の「の」と解し得るわけではなく、一部には、やはり終助詞と見なければならないようなものも存在する（第11章（1節）参照）。

第2章　「のダ」の働き

　「のだ」「のか」「のだろう」「のではない」などについて一つ一つ考えていく前に、「のダ」一般の働きに関して、結論的なことがらを一通り述べておく。

1　「のダ」の基本的な意味・機能

　よく知られているように、「のダ」が表す意味、「のダ」が果たす機能は、少なくとも表面的に見るかぎり、きわめて多様である。

1.1　「のダ」はあることがらの背後の事情を表す

　そうした多様性の中にあって、「のダ」の基本的な意味・機能と言えそうなものを求めていくと、次のようなところに行き着く。すなわち、あることがらαを受けて、αとはこういうことだ、αの内実はこういうことだ、αの背後にある事情はこういうことだ、といった気持ちで命題βを提出する、これが「βのダ」という形の表現の基本的な機能であると言ってよい。以下では、このことを、「のダ」は「背後の事情」を表す、と短く表現することにする。

　例えば、

　　きょうは休みます。体調が悪いんです。

という二文の連続における第二文について言えば、きょうは休むということ(α)を受け、そのことの背後にあるのは、体調が悪いということ(β)だと述べているわけである。同様に、

顔色がよくありませんよ。——気分が悪いんです。
という対話における返答の文も、顔色が悪いこと(α)について尋ねられて、それはどういうことかと言えば、気分が悪いということ(β)であると述べているわけである。また、

　　　（顔色の悪い人に対して）気分でも悪いんですか？
という疑問文は、相手の顔色が悪いという眼前の事実(α)を受け、その背後にあるのは、気分が悪いということ(β)であるか、と尋ねているものだと言うことができる。

　「のダ」がこうした意味を表すということは、第1章で述べた「のダ」の構文に関する理解からしても自然なことである。「βのダ」は、αは必ずしもことばの形では表現されないにせよ、αということがらを主題として、「αはβのダ」のように解説を与える述語だと考えられるからである。山口佳也氏も論じておられるように、「のダ」の構文と意味・機能の関係をこのように把握しておくことは、「のダ」についての統一的な理解を追求するうえで重要なよりどころとなる。[1)]

1.2　「のダ」はある実情を表す

　ただ、実際には、「のダ」を含む文でも、上の説明においてαとしたことがらを具体的には特定しがたいことも少なくない。例えば、

　　　血液型は何型ですか？——わたしはＡＢ型なんです。
という対話の返答の文においては、先の三例の場合とは異なり、αを具体的なことがらとして指摘することは困難である。つまり、この文は、ある具体的なことがらαを受けて、その背後には自分がＡＢ型だということ(β)があると述べているものとは言

いがたい。また、
　　　（トコロデ）お酒はよく召し上がるんですか？
という文も、単に相手の習慣について尋ねるだけのものであって、ある具体的なことがらαを受け、その背後にある事情は、飲酒の習慣があるということ（β）であるか、と尋ねるものではない。さらに、
　　　ぼく、大きくなったらパイロットになるんだ。
　　　早くこっちに来るんだ。
　　　ちょっと、わたしの話聞いてるんでしょうね。
のような例についても、同様である。

　このように、「のダ」が用いられていても、ある具体的なことがらの内実、その背後にある事情を表現しているとは言いがたい場合があるわけである。それでは、この種の「のダ」の用法は、あることがらを受けてその背後の事情を表すとした上述の一般化には無縁であるかと言うと、そうではないであろう。むしろ、背後の事情を表す用法におけるαがその内容の具体性を失ったところに成立し定着しているのが、この用法であろうと思われる。

　詳しく述べるならば、次のようになる。すなわち、この種の「βのダ」の用法においては、すべての者には必ずしも容易には知り得ないにせよ、すでに定まっていると想定される事情αが話し手の念頭に問題意識としてあり、それがβである（かどうか）ということが問題とされている。上の「わたしはＡＢ型なんです」という文においては、話し手の血液型という個人的な事情が、また、「お酒はよく召し上がるんですか？」という文においては、相手の習慣というやはり個人的な事情が問題とされているわけである。

αが具体的なことがらとしては存在しないにしても、そうした事情αがどのようであるかという問題意識があり、それに応じる形でβということが問題とされているわけである。

すべての者には容易には知り得ない種類の事情が問題とされているという意味では、背後の事情を表すという言い方をここでも用いることはあながち不可能でもないと思われるが、以後、具体的なことがらを受けない「のダ」の用法を特に問題とするときには、「のダ」は「実情」を表す、と短く表現することにする。ただし、実際の「のダ」の用例の中には、具体的なことがらを受けているとすべきかどうか決めがたい、中間的な性格のものも多い。

2 「のダ」の意味特性・使用条件

「背後の事情」や「実情」を表すということから、「のダ」は、その多くの現れに共通して、いくつかの意味特性を示す。意味特性ということは、見方を変えれば、「のダ」の使用に対する条件ということでもある。明確に認められる意味特性ないし使用条件を以下に四つ述べるが、「のダ」を専らこれらに基づいて特徴付けることは無理であり、いずれも、背後の事情や実情を表すという「のダ」の基本的な意味・機能から出てくる、あくまでも派生的な特性であり条件であることをあらかじめ強調しておく。

2.1 承前性

まず、第一に、背後にどのような事情があるかという問題意識は、何もないところに突然生じるものではない。それは、問題の発端となるべきことがらがあって初めて、「その背後の事情は？」という形で生じてくるものである。このため、すでに見たように、

「のダ」を含む表現は、言語的な文脈に現れたことがらや会話の状況中の非言語的なことがらを受けたうえで発せられることが多い。これを、「のダ」の「承前性」と呼ぶ。[2]

「のダ」が受けることがらαは、言語的に表現されていることもあれば、言語的には表現されていないこともある。まず、αが言語的に表現されているのは、次のような文の場合である。

　　あの音は家の裏を川が流れているんです。
　　こんなに雨ばかり降るのは秋雨前線が停滞しているのです。
　　きょうは休みます。体調が悪いんです。
　　きょうは休みます。——体調でも悪いんですか？

「あの音は〜」の文では、αは、会話の状況において音が聞こえてくるということであるが、これは同文中の主題句「あの音は」において表現されている。「こんなに〜」の文では、雨ばかり降るということがαであり、これは同文中の主題節「こんなに雨ばかり降るのは」として表現されている。また、「体調が〜」の文におけるαは、話し手自身が発言した前文の内容であり、「体調でも〜」の文におけるαは、相手が発言した文の内容である。

αが言語的には表現されていないというのは、次のような場合である。

　　（汗をかいている人に対して）暑いんですか？
　　（つくしが生えているのを見て）もう春なんだなあ。

ここでのαは、相手が汗をかいているということや、つくしが生えているということである。αは、言語的な文脈には現れていないが、会話の状況においてすでに認められていることがらだと言うことができる。

ただ、すでに述べたように、ことがらαがそもそも具体的なことがらとしては特定しがたいこともある。しかし、そのような場合でも、「わたしの内心は～」「あなたの個人的な事情は～」といった問題意識が話し手にあり、それに応じる形で表現がなされるという意味においては、承前性の特性をここにも認めるということは、必ずしも無理なことではない。

2.2 既定性

第二に、「βのダ」のβは、すでに定まったことがらであることが多い。「βのダ」は、文脈や状況においてすでに認められたことがらαについて、その背後にある事情を表現するものである。αが既定のことがらであれば、その背後の事情である(かどうかを問題とされる)βが既定であるのは当然であろう。αが具体的なことがらとしては存在しない、実情を表す用法においても、すでに定まっていることがらが問題とされることに変わりはない。これを、「のダ」の「既定性」とする。[3]

このため、例えば、

　　太郎は合格すると思う？――きっと{合格する／?合格するんだ}。

という文では、「のだ」は用いられない。これは、試験の合否が事前に定まっているということは、通常、あり得ないからだと言える。また、

　　じゃあ、そろそろ{始めますか／?始めるんですか}。

においては、「のか」は用いられない。そろそろ始めるかどうかということは、ここで初めて提案されている以上、発言に先立ってすでに定まっているということはあり得ないからである。

ただ、一つだけ注意しておくべきことがある。それは、ここで言う既定性とは、表現されたことがらが実際に成り立っている事実であることを意味するものでは必ずしもないということである。例えば、

　　　あっ、財布がない。(キット) 電車の中ですられたんだ。
においては、「電車の中で〜」の文は、話し手の推量を表すに過ぎない。したがって、財布を電車の中ですられたということは現実には事実ではないかも知れないわけである。しかし、このことは、「のダ」の既定性に矛盾するものではない。「のダ」の既定性とは、電車の中ですられたことが現に事実として定まっているということではない。「のダ」にとって重要なのは、電車の中ですられたのか、路上に落としたのか、どこかに置き忘れたのか、いずれが事実であるかは自分には分からないけれども、とにかく自分の知識の及ばないところでは真相がすでに定まっているはずだという話し手の想定である。

2.3　披瀝性

　第三に、背後の事情、実情といったものは、一般に、すべての者には容易には知り得ない種類のことがらであると言えよう。ここで、容易には知り得ないというのは、その内容が難し過ぎて理解が困難だということではなく、例えば他人の誕生日のように、誰かから教えられるなどしないかぎり、簡単には知ることができないということである。文脈上すでに認められたことがらαを受けて、その背後に潜んでいる事情を問題としたり、「私の内心は〜」「あなたの個人的な事情は〜」といった問題意識を受けて、その実情を表現したりするわけであるから、「βのダ」のβは、すべて

の者には知りがたい種類のことがらであることになる。これを、「のダ」の「披瀝性」とする[4]。

このため、「のだ」は、話し手の内心や体験、個人的な事情といった、聞き手には容易に知り得ない種類のことがらを告白するような気持ちで表明するときにしばしば用いられる。

　　大切なのは作品に接するときの気持ちだと思うんです。

　　実は、わたしにも同じような経験があるんです。

逆に、「のか」は、話し手にとっては容易に知り得ない、相手の内心や体験、個人的な事情などを尋ねるときによく用いられる。

　　お酒はよく召し上がるんですか？

　　おたくのご主人はどちらにお勤めなんですか？

また、「のだろう」を伴う、

　　太郎が来ないのは、風邪でも引いたんだろう。

という文においては、話し手にも聞き手にも確かには知り得ないが、二人の知識の届かないところではすでに定まっていると考えられることがらが問題とされている。

2.4　特立性

　第四に、「のダ」は、一つの可能性をほかの可能性から区別して問題とする場合に特徴的に使用される。ことがら α がすでに分かっている状況で、それはどういうことかと言うと β であると表現するということは、裏を返せば、β であって β' や β'' ではないということを含意し得ることになるからであろう。これを、「のダ」の「特立性」と呼ぶ[5]。

　例えば、

　　こどもがどうしてもピアノを習わせてくれと言ったんです。

と言えば、こどもにピアノを習わせているのは、本人の希望によるものであって、親が強制したものではないといった含みを感じさせる。また、

　　（濡れた地面を見て）雨が降ったんですか？

という文は、単に、地面が濡れていることの原因が降雨であるかどうかを尋ねているものとも取れるが、別の解釈として、地面が濡れる原因としていくつかのもの（例えば、降雨、降霜、散水）が考えられ、そのうちでほかではなく降雨が実際の原因であるかどうかを尋ねているものと取ることもできる。この特立性は、「のではない」を伴う否定文において、特に強い効力を発揮する。例えば、

　　雨が降ったんじゃありません。

という文は、降雨が原因であることを否定するだけにとどまり得ない。降雨とは別のところに真の原因があるということ、例えば、「雨が降ったのではなく、私が水を撒いたのだ」といったことを、含みとして強く感じさせる。

　「承前性」「既定性」「披瀝性」「特立性」という四つの意味特性、使用条件に関しては、なお述べ足りないところが多い。これについては、次章以下の各論において適宜補足することにする。

　注

　1）「α は β のダ」は、α ということを言い換えれば β ということになる、と表現するものだとする見方も成り立つであろう。本書の立場は、このように「のダ」の基本的な機能を「換言」ということに求める立場に近い。「のダ」は基本的に「説明」を表すものだとする説

が広く行われているが、そうした中にありながら、説明よりも一般的と言える換言の機能を重視している文献としては、林四郎氏『文の姿勢の研究』(明治図書出版、1973年、184頁)、山口佳也氏「『のだ』の文について」(『国文学研究』第56号、早稲田大学国文学会、1975年)、井上ひさし氏『私家版日本語文法』(新潮社、1981年、233〜234頁)がある(補説D参照)。

　2)ここで言う「のダ」の「承前性」の代わりに、「文脈との結び付き」や「現況とのつながり」を指摘した文献もある(補説D参照)。ただ、文脈や会話の状況との結び付きを言うだけではあまりに漠然としており、有意味な特徴付けとはなりがたい。と言うのも、文脈や会話の状況との結び付きということを無限定に広く解するならば、正常に使用された言語表現にはすべて何らかの意味での結び付きが認められるということにもなりかねないからである。

　3)「のダ」が「既成命題」を表すとする見解は、三上章氏『現代語法序説——シンタクスの試み——』(刀江書院、1953年、239頁)、国広哲弥氏「『のだ』の意義素覚え書」(『東京大学言語学論集'84』、東京大学文学部言語学研究室、1984年)が述べておられる(補説D参照)。

　4)ほかに適当な表現が思い当たらないので「披瀝性」とするが、「披瀝」という語は、披瀝するという行為を表すため、あまり望ましくない。ここに言う「のダ」の披瀝性とは、「のダ」を含む文においては、披瀝されなければすべての者には知りがたいようなことがらが問題とされるということである。話し手、もしくは、ほかの誰かが、披瀝という行為を行うという意味では必ずしもないことを注意しておく。

　5)ここで言う「特立性」も、その現象としての現れについては、すでに二三の指摘がある(補説D参照)。

第3章 「のだ」

　これより各論に入り、「のダ」の種々の形での用法について順次検討する。まず、この章では、「のダ」がいわゆる平叙文の末尾において用いられる場合について考える。その代表的な形は「のだ」であるが、「の」だけで「だ」を伴わない言い方や、終助詞を伴う「のだぞ」「のさ」「のだよ」「のよ」のような言い方などもあわせて扱う。[1)]

1　従来の記述の問題点

　さて、「のだ」の用法としては、これまでにも種々のものが言われている。例えば、次のごとくである。

　　きょうは休みます。体調が悪いんです。（説明）
　　風邪引いたみたい。熱があるの。（判断の根拠）
　　早くこっちに来るんだ。（命令）
　　そうだ、きょうは休みなんだ。（想起）
　　本当にわたしは知らないんです。（強調）

　こうした記述の最大の問題点は、用法の特徴付けがそれぞれ異質な観点から行われているという点である。ごく大まかに見ても、「説明」や「判断の根拠」ということは、αとβのあいだの意味的な関係に関わっている。また、「命令」ということは、聞き手に対して意図された発言の効果に、「想起」ということは、文に表現されたことがらを認識するに至った経緯に、「強調」ということ

は、聞き手に対する訴えの強さの度合に、それぞれ関わるものだと言える。これほど異質なものを「のだ」の用法として単純に列挙する前に、その特徴づけの観点の異質性について考えてみる必要がある。

　用法の特徴付けが混質的であるだけではない。これに加えて、「のだ」に起因するとは認めがたいことがらが、あたかも「のだ」の性質であるかのように論じられている面もある。つまり、実際には、文というもの一般（あるいは、特定の種類の文一般）に共通する性質が、「のだ」を伴う文においてもそのまま現れたに過ぎないにもかかわらず、それを「のだ」の性質と見誤っている面があるということである。例えば、「想起」の用法について言えば、これは、「のだ」の働きによるものとは認めがたい。と言うのは、「のだ」を伴わない、

　　そうだ、きょうは休みだ。

という文も、上の「きょうは休みなんだ」と全く同様に、想起を表すからである。結局、想起を表すという性質は、「のだ」自体に帰せられるものではなく、文一般の問題として検討されなければならないものであると言える。

2　「のだ」の用法

　そこで、そうした問題点に留意しつつ、「のだ」の用法の広がりをまず概観しておこう。以下、2.1～2.2節においては、二つの異なる観点からの分類を述べるが、そのうち、第一の分類は、「のだ」（と言うよりも、「のダ」）自体の性格を問題とするものであるが、第二の分類は、文一般の用法の問題であり、「のだ」の性

格に直接に関わるものではない。また、2.3節では、この二通りの分類には関わってこないが、一般に「のだ」の用法と考えられているものについて述べる。

2.1　αとβの意味的な関係に基づく分類

まず、αとβのあいだの意味的な関係に基づいて、「のだ」の用法を分類することができる。ただ、αとβの意味的な関係としてはきわめて多様のものが可能であり、しかも、一つの文でも見方によって異なる関係として理解できることがあるということもあって、漏れや重複のない分類を示すことはほとんど不可能である。このため、以下の記述は、αとβの意味的な関係の中でも比較的明確な類型として取り出せるものの例をいくつか示し、注意すべき点について補足するという形を取らざるを得ない。

まず、βが、αの原因や理由である場合の用法が挙げられる。これが「のだ」の表す基本的な意味であるかのように言われることもあるが、αとβのあいだの意味的な関係の多様性を考えるならば、特にこの関係を基本的なものとすべき理由は見出しがたい。

　　花が枯れてしまいました。水をやるのを忘れたんです。

　　（腕相撲で負けて）右は弱いんだ。

のような例では、水をやるのを忘れたことが、花が枯れたことの原因であり、右腕が弱いということが、腕相撲に負けたことの原因であるとされている。また、

　　酒は飲みません。医者に止められているんです。

　　（上着を脱ぎながら）ちょっと暑いんだ。

においては、医者に飲酒を禁止されていることが、酒を飲まないことの理由であり、暑いことが、上着を脱ぎかけていることの理

由とされている。

　βが、あることがらの原因や理由であるというよりも、ある文を述べたり、ある判断を下したりすることの理由や根拠となっている場合もある。例えば、

　　風邪引いたみたい。熱があるんです。

では、熱があるということは、風邪を引いたとする話し手の判断の根拠を表現している。ここでのαは、風邪を引いたということではなく、そう判断していることである。また、

　　一緒に行ってくれませんか？わたし一人では心細いんです。

でも、一人では心細いということが、一緒に行って欲しいという依頼を行っていることの理由として表現されている。

　次のような例におけるβも、αの原因や理由と言えなくはない。しかし、話し手としては、αの原因や理由が何であるかという問題意識を持って話しているのではなく、むしろ、αということがらを受けて、その背後にどのようなことがあるかをただ漠然と問題しているに過ぎないと思われる。

　　うさぎさんのお耳にはね、体温を逃がすという大事な役目が
　　あるのよ。──ふーん、うさぎさん、暑がりなんだね。

「ふーん〜」の文の話し手は、うさぎの耳に放熱の作用があるということの背後に、うさぎが暑がりだという事情があると見ている。同様に、

　　（つくしが生えているのを見て）もう春なんだなあ。

でも、話し手は、つくしが生えているという眼前の事態の背後に、季節が春になったという事情を見ているわけである。このような場合にも、「のだ」は、うさぎの耳に放熱の作用があることの原因

や、つくしが生えていることの原因を表現するものだと言って言えないことはない。しかし、これは、分析的に過ぎる見方であると思われる。αとβの意味的な関係にとって重要なのは、結局、αの背後にある事情がβであるということだけであろう。それが、場合によっては、明らかな因果関係として理解することができることは事実である。しかし、だからと言って、すべての場合に因果的な見方を無理に適用する必要はないし、そうすべきでもないと思われる。

　βが、αを言い換えたり、別の角度から述べたり、要約したりするものであることも多い。例えば、次のような「のだ」の用法がそうである。

　　でも、この「様子を見る」という行為は、(持チ株ヲ)売るべきか持続すべきか決断を下すことを先送りするのに使われがち。要するに、優柔不断をカムフラージュする役目をさせているのです。

　　気持ちで感謝すれば形はどうでもよいと言うのは暴言です。形が人の心を養うのです。養われた心から形が生まれてくるのです。

先行文脈の内容を受けて、「言い換えると～」「つまり～」「要するに～」といった気持ちで解説や要約を提出するわけである。このことから、特に書きことばの場合、「のだ」は意味段落の締めくくりとなる部分において多く用いられる。

　βが、αと等価であるかのように見える場合もある。例えば、
　　(蛍を見かけて)こんな都会にも蛍はいるんだなあ。
という文は、都会に蛍がいること(α)を受け、都会であっても蛍

はいるものだ(β)と表現している。αとβは一見したところでは等価であるが、ここでのαは、眼前に展開している個別の事実であるのに対し、βは、αの背後にあってそれを実現させている一般的な真理のようなものであるという相違がある。また、

　　ほんとに花子ちゃんっておねだり上手なのね。

においても、αとβは等価なように見えるが、花子がおねだりによって首尾よく物を手に入れたという一回的なことがら(α)を受け、その背後には、おねだり上手だということ(β)が花子の性質としてあるということを表現するものと言える。さらに、

　　（人のかばんを手に取って）わあ、重いんだなあ。

のような例になると、αとβはいっそう区別しがたい。しかし、上述の見方を当てはめて考えるならば、ここでのαと見るべきものは、かばんを手に取ってその重みを感じたという一回的な体験であるのに対し、βとして表現されたかばんの重みとは、そうした体験とは関わりなくその背後においてすでに定まっているかばんの属性だと言うことができよう。

　αとβのあいだの意味的な関係として、さらに種々のものを列挙していくことは、特に難しいことではない。例えば、

　　こどもがピアノを習いたいと言ったんです。

　　（新しいバッグを手に）お父さんに買ってもらったんだ。

のような例では、こどもにピアノを習わせていること、新しいバッグを手にしていることを受け、そのきっかけや入手方法を述べている。また、

　　からすが騒いでいる。何か不吉なことが起こるのだ。

　　（曇り空を見上げて）これは雪が降るんだ。

では、からすの声や曇り空を受けて、それが含意することがら、それが引き起こすであろう結末を表現している。

しかし、αとβの意味的な関係について考える際、注意しておくべきことがある。それは、具体的なことがらαを受けているとは言いがたい例についてまで、前後の文脈の中に無理にαを求めてしまう誤りを犯さないようにする必要があるということである。例えば、

きのう話し合ったんですよ。でも、結局、結論は出ませんでした。

という例において、「きのう〜」の文は、次の文への前置きになっている。しかし、だからと言って、ここでの「のだ」は、結論が出なかったということをαとし、話し合ったということ(β)が、αに対して前置きの関係にあることを表しているなどと考えるのは適切ではない。正しくは、この文は、具体的なαを受けることなく用いられているもので、話し手の体験という実情を表現していると見るべきであろう。また、

太郎は全然練習しません。なのに、一番うまいんです。

においても、「なのに〜」の文も、太郎が練習しないことをαとして、一番うまいということ(β)がαに対して何らかの関係にあることを述べるものではなく、単に、実情を表現しているものだと言うべきであろう。

ただ、実際の用例に当たっていくと、具体的なことがらαを受けていると言うべきかどうかがはっきりしないということがしばしばあるのも事実である。

2.2 平叙文の発言機能に基づく分類

次に取り上げるのは、「のだ」の用法の分類ではなく、むしろ、平叙文と呼ばれるもの一般に通用する分類である。
　例えば、「京都だ」という一つの述語の形でも、状況によって種々の意味を表すために用いられる。例えば、次のような三つの場合が考えられる。
　　今度の出張先はどこですか？——京都だ。
　　お寺が一番多いのはどこだろう。——うーん、きっと京都だ。
　　滋賀の西はどこだったかなあ。そうだ、京都だ。
第一の対話の返答においては、話し手は、自分の知っていることがらを単に表明しているに過ぎない。第二の場合には、話し手は、確実な知識を持ち合わせておらず、発言の時点において推量しつつ述べている。第三の場合には、想起したことがらが表現されている。ここで、いわゆる平叙文がそれぞれの用い方をされるとき、その文を、「知識表明文」「推量判断実践文」「想起文」と呼び分けることにしよう[2)]。
　さて、「のだ」で終わる文についても、この三通りの用法が可能である。例えば、
　　この地方ではこうした伝統が今も息づいているのです。
　　うちの子も来年は小学校なんですよ。
といった文は、知識表明文の例である。自分の子供の年齢を知識と呼ぶことには無理もあろうが、話し手が確実な情報として持っていることがらを表明しているという意味では、通常の知識を表明するものと何ら違いはない。次に、
　　あっ、財布がない。電車の中ですられたんだ。
　　あんなに喜んでいる。よほど嬉しいんだ。

という例の第二文は、いずれも、推量判断実践文の例である。これらは話し手の推量を表しており、「きっと」「おそらく」「多分」などの表現を加えることができる。また、

　　そうそう、きょうは花子の誕生日なんだ。
　　しまった、あすまでに報告書を書くように言われてたんだ。
のような例においては、「のだ」を伴う文が想起文として用いられている。

　このように見てくると、「のだ」を伴う文が想起の内容を表すことがあると言っても、それは「のだ」自体の働きによるものではなく、平叙文（あるいは、名詞を述語とする平叙文というように限定すべきかも知れない）の用法の一面に過ぎないということは明らかである。「のだ」には想起を表す用法があると言われることがあるが、これは、ちょうど、「のだ」には知識を表明する用法や、推量判断を表す用法があるなどと言うようなものである。しかし、そうした用法の類別は、「のだ」を伴う文だけに該当するものではない以上、「のだ」の問題として記述すべきではない。[3)]

　なお、「のだ」が想起の内容を表すのに用いられる場合、概略、現在や未来のことであれば「スルのだった」、過去のことであれば「シタのだった」になると言えるが、現在や未来のことがらでも、
　　そうそう、きょうは花子の誕生日だったんだ。
　　そうだ、あさっては試験があったんだ。
のように「シタのだ」の形を取ることも可能である。このような用法における「た」は、寺村秀夫氏の表現を借りるならば、「過去に聞いたり、考えたりしたこと、つまり過去にいったん認識していたことを忘れていて思い出した」ことを表すものと言ってよか

ろう。[4]

2.3 補足

　ここでは、「のだ」の用法としてしばしば指摘されるが、以上の分類には現れてこなかったものについて補足しておく。以下、命令の用法、説明の用法、強調や整調の用法の順に述べる。

　まず、「のだ」の命令の用法について言えば、これは、特別な固定慣用化した用法とすべきであろう。

　　　早くこっちに来るんだ。

　　　部屋を探すときはちゃんと相場を調べておくんですよ。[5]

ただ、特別な用法とは言っても、これが、話し手の意志を表す次のような用法と本質的に同じものであることは、明らかである。

　　　危険ですからのいてください。──ええんじゃ。わしはここで死ぬんじゃ。

　　　自分の好きなようにするんだと思ってから今のわたしになったの。

つまり、例えば、同じ「行くんだ」でも、「わたしは行くんだ」のように行く主体が話し手であれば意志の表現になり、「おまえは行くんだ」のように行く主体が聞き手であれば命令になるものと思われる。両者に共通するものを求めるならば、話し手の意識の中に、自分が行くこと、相手が行くことが、実現すべきことがらとしてすでに定まっているということであり、そこから意志の表明や命令といった意味合いが出てくるものと思われる。

　このことに関して補足すると、尾上圭介氏が挙げておられる例が興味深い。[6]それは、外国のテレビドラマの吹替えのせりふにおけるものであるが、座ろうとしない相手を座らせようとして発す

ることばが、「お座り」「座れ」「座るんだ」のように変わっていくのである。「お座り」から「座れ」への変化は単に話し手の態度の硬化によるものであろうが、注目に値するのは、「座るんだ」という言い方が、「お座り」「座れ」という純粋な命令の言い方の後に現れているという点である。これは、偶然のことではなかろう。上述したように、「座るんだ」が命令の働きをすると言っても、その命令の意味合いは、「おまえがすべきことは座ることだ」「わたしが要求しているのはおまえが座ることだ」といった基本的な意味から生じるものと考えられる。とすれば、聞き手が話し手の要求をすでに承知している状況こそ、「のだ」が命令に用いられやすいことになる。この意味で、「座れ」から「座るんだ」への移行は、逆の方向の移行よりも自然な流れを表していると言える。

次に、説明の用法であるが、「のだ」の基本的な機能を説明ということに求める見解は従来ことあるごとに述べられており、なかば定説となっている観がある。なるほど、

　　きょうは休みます。体調が悪いんです。

における「体調が〜」の文は、前文に表されたことがらの理由を述べているし、

　　（遅刻して来て）電車が遅れたんです。

という文は、遅刻の原因を述べており、説明の表現と呼ぶにふさわしい。しかし、「のだ」の説明の用法なるものは、「のダ」が基本的に背後の事情を表すものであることの結果として実現する効果の一つと見るのが適当だと思われる。つまり、「（αは）βのだ」において、βがαに対してその原因や理由という意味的な関係にあり、しかも、この文が話し手の確実な知識を伝えるものとして

発せられるときに、「のだ」の説明の用法が生じるものと思われる。

　「説明」という語を広い意味に解して、原因や理由でないことを述べる場合に対しても説明という考え方を適用しようとする立場もある。しかし、2.1節で示した範囲の「のだ」の用法に限っても、これをすべて説明と呼ぶことにはかなりの無理がある。また、「のだ」が説明を表すという考え方をかりに認めるとしても、「のか」「のだろう」「のではない」「のなら」などを説明の表現と呼ぶことには別の意味での無理があると言わなければならない（補説D参照）。さらに、「のだ」が説明を表すと言っても、「からだ」が説明を表すのと比べると、両者のあいだには本質的な違いがある（5節参照）。もちろん、こうした問題があるから説明という考え方は絶対に不可能だということになるわけではない。けれども、説明という考え方に固執することにどれだけの意味があるかは、疑わしいところである。

　次に、「のだ」が強調の用法を持つというのもしばしば言われることであるが、これも微妙な主張である。まず、1節で述べたように、強調ということは、「のだ」の用法のほかの観点からの分類とは全く別の次元に属することがらである。そのこと自体はよいとしても、そもそも、強調ということに関して、「のだ」を伴う文と伴わない文とで実際に相違があるかどうかが不明である。かりに相違があるにしても、当然、どのような意味での強調なのかが問われなければならないし、また、それは、「のだ」に強調の働きがあるということではなく、「のだ」はその基本的な性格ゆえにある種の強調的な含みを伴いやすいということに過ぎないと思われ

る。

　つまり、すでに述べたように、「のだ」は、相手には容易に知り得ないことがらを述べるのに用いられることが多い。「あなたは知らないことだが」「信じてもらえないかも知れないが」といった含みを伴いやすいわけである。また、$β'$や$β''$ではなく$β$だというように、ほかの可能性を排除するような用いられ方をすることもある。このとき、$β'$や$β''$が相手の考えている可能性である場合には、「のだ」を伴う文は、相手の考えを打ち消す働きをすることになる。このように、「のだ」は、相手が予想できないことを述べたり、相手の考えに対立するようなことを述べたりするのに用いられやすいわけであり、「のだ」の強調的な含みの出所はそうしたところに求められるものと思われる。

　強調の用法との関連で言えば、「のだ」には文や文章の調子を整える働きがあるなどといった主張がなされることもあるが、やはり同じようなことが言える。「のだ」は、基本的に、文や文章の調子などといった不明瞭な概念とは無関係な次元において、しかるべき理由に基づいて用いられるものであるということに疑問の余地はない。

3　「のだ」が用いられない場合

　前節で「のだ」の用法について一通り述べたので、以後は、「のだ」について様々な角度から検討を加えていく。
　まず、どのような場合に「のだ」が用いられないかということから考えてみることにしよう。「のだ」の性格を明らかにするうえで、それがどのように用いられるかを考えるだけでなく、どのよ

うな場合に用いられないかということをあわせて考えることは有益である。

さて、「のダ」は、背後の事情ないし実情を表すものであった。このため、背後の事情や実情として表現することが原理的に不可能な場合、また、可能ではあるがそうした形での表現を取らない場合には、「のだ」は用いられないことになる。これには、種々の場合がある。

まず、突発的に生じた事態や事態の兆候を認識して、直ちにそのことを言語化するような場合には、「のだ」は用いられない。

　　あれっ、財布が{ない／?ないんだ}。
　　しまった。傘を忘れて{来た／?来たんだ}。
　　何てやつらだ。まだ追いかけて{来る／?来るんだ}。
　　あっ、{倒れる／?倒れるんだ}[7]。

こうした状況では、何か別のことがらを受け、その背後の事情としてその事態を捉えるということは原理的にあり得ない。また、あらかじめ定まっていた実情として捉えるということもあり得ない。意味特性の観点から言えば、承前性も既定性も満たされていないわけである。したがって、「のだ」が不可能となる。次の二例を比較してみよう。いずれも、死んだと思っていた蛇が動いたのを見ての発言だとする。

　　あっ、{動いた／?動いたんだ}。
　　あっ、生きて{いる／いるんだ}。

前者の例は、蛇の動きを認識したままに表現するものであるから、「～動いたんだ」は不適切である。それに対し、後者の例では、蛇が生きているということは、蛇が動いたことの背後の事情であ

ると言える。蛇の動きを受けて、蛇が生きているという認識に至るまでに、一段階の推論が介在する。また、蛇が動いたことは突発的な事態であるが、蛇が生きているということはあらかじめ定まっていたはずである。このように、承前性にも既定性にも矛盾しないため、「～生きているんだ」が可能となる。(「のだ」を用いないで「～生きている」と言うことも可能であるが、これは、蛇が生きているということは、上述のような推論を介さなくても直ちに了解できることがらだからであろう。)

次に、話し手の内面において生じたばかりのことがらを表現するときにも、「のだ」は用いられない。ここで初めて生じた感情であり思考内容であるわけであるから、それが、何か別のことがらの背後の事情であるはずなく、また、すでに定まっている実情であるはずもない。

　　ああ、{疲れた／?疲れたんだ}なあ。
　　お話をうかがっているうちに希望がわいて{きました／?きたんです}。
　　わたし、あなたのこと{見直した／?見直したんだ}わ。
　　すぐに帰って来てくれ。――はい、{分かりました／?分かったんです}。

話し手の意志を、その意志決定の時点において表明する場合にも、やはり、「のだ」は用いられない。例えば、

　　わたしも{行きます／行くんです}。

のような例について考えると、「～行きます」も「～行くんです」も話し手の意志の表現として可能ではあるが、「～行くんです」は、すでに以前から定まっている意志を表すものであり、決まっ

たばかりの意志を表現するものではない。このことは、意志の決定が行われていることを示す表現を加え得るかどうかを考えてみれば明らかである。

　では、わたしも｛行きます／?行くんです｝。

　そうまでおっしゃるなら、わたしも｛行きます／?行くんです｝。

　話し手の推量的な判断を表す文の場合にも、「のだ」の使用には制限がある。あることがらαの背後の事情や、すでに定まった実情としてβを考えるのではなく、βということを言わば直接に推量して表現する場合には、「のだ」は用いられない。例えば、

　（夕焼ケガキレイダ。コレダト）あすはきっと晴れるよ。

　（夕焼ケガキレイダ。コレハドウイウコトカト言ウト）あすはきっと晴れるんだよ。

という二文はいずれも話し手の推量を表すものであるが、推量されていることがらが異なっている。すなわち、「〜晴れるよ」は、あすの天気がどうなるかということ自体を推量するものである。夕焼けがきれいだということは、その推量の根拠にはなっているものの、この文が表す意味に対しては直接の関わりを持たない。これに対し、「のだ」を伴う「〜晴れるんだよ」は、夕焼けがきれいだということを受け、それはどういうことであるかを推量するものである。あす晴れるということは、直接に推量されているのではなく、夕焼けがきれいだということの背後の事情として推量されているわけである。こうして見てくると、次のような文において「のだ」が許されないのは、当然であろう。

　先生、大丈夫でしょうか。——大丈夫、すぐに｛直ります／

?直るんです}。
　きっとお嬢さまによくお似合いに{なります／?なるんです}よ。
　このまま行けば次期係長は{君だ／?君なんだ}な。

こうした例は、何かあることがらを受けて、その背後にある事情を推量するものではない。すぐ直るかどうか、よく似合うかどうか、次期係長が誰になるかということが、言わば直接に推量されているわけである。次のような例も、同様である。

　太郎は勝てると思う？――いや、多分太郎は{負ける／?負けるんだ}。
　申し込みが三千件を{超える／?超えるんだ}とは予想もしていなかった。

実際に勝負を行わないうちに勝敗が定まっていたり、募集を始める前に申し込みの件数が分かっていたりすることは、少なくとも普通にはあり得ない。こうした場合には、すでに定まった実情として表現することは考えられないから、「のだ」が不適切となる。かりに「〜負けるんだ」のような表現が用いられるとすれば、それは、八百長の試合について話していたり録画されたビデオを見ていたりするといった、事実としてすでに勝敗が決っている場合か、もしくは、

　いくらがんばっても、どうせ負けるんだ。

のように、事実としては未定であると言うべきでも話し手の意識においてはすでに勝敗が定まったものとして捉えられている場合であろう。同様に、

　この商店街もデパートやスーパーに客を奪われてさびれてい

くんだと思うよ。

という例においても、問題とされているのは未定のことがらであるが、運命論的な見方によって既定のこととして捉えられているために、「のだ」が用いられているものと言ってよい。

話し手の評価などを表す次のような例においても、やはり、「のだ」が用いられない。

　　皆がこれだけ心配しているのに、気楽な{人だ／?人なんだ}よ。
　　こどもは無邪気で{いい／?いいんだ}なあ。
　　今さら知らないなんて{ひどい／?ひどいんだ}よ。
　　そんなことなら、すぐに行ってあげるほうが{いいです／?いいんです}よ。

発言に先立ってすでに定まっていた評価が表現されているわけではなく、この場において下された評価が表現されているからだと言える。

さて、これまでに見てきた例において「のだ」が用いられなかったのは、発言に先立って定まってはいないことがらを表現していたからだと言うことができる。しかし、問題のことがらが事実としては既定であっても、それを相手に対して一方的に報告したり通知したりするような形で表現するときには、次に見るように、「のだ」は用いられない。

　　署長、真犯人だと名乗る男がゆうべ自首して{来ました／?来たんです}。
　　歯医者に寄って来るから帰りは遅く{なる／?なるんだ}よ。
　　お知らせします。あす二時から避難訓練が{行われます／?行

われるんです}。

こうした例において表現されていることがらは、事実としては既定である。例えば、「署長〜」の文は、すでに成立したできごとを表現しているし、「歯医者に〜」「あす二時から〜」の文は、すでに定まっている予定を表現している。このように、事実としてはすでに定まっていることがらでも、一方的に通告するような場合には「のだ」が使用されないわけである。このことが最も明瞭な形で現れるのは、ニュースの報道である。新聞のニュース記事や、あらかじめ用意された原稿をアナウンサーが読み上げる形式のニュース放送では、「のだ」が用いられることはほとんどないと言ってよい。

　　きょう未明京都市で住宅三棟を全焼する火事が{ありました／?あったのです}。

　最後に、話し手の行動などを聞き手に対して宣言するような場合にも、「のだ」は用いられない。

　　コートお預り{します／?するんです}。
　　動くな。少しでも動くと{撃つ／?撃つんだ}ぞ。
　　これにて閉会{します／?するんです}。

文を述べること自体が、その文の表現する行為を行うことに相当する場合にも、「のだ」が用いられることはない。

　　わが社もこの案を支持{します／?するんです}。
　　二度とこのような過ちは繰り返さないことを{誓います／?誓うんです}。

4　披瀝性の含み

　「のだ」は、聞き手の知らないことがら、さらに言えば、単に知らないだけではなく、聞き手にとっては容易に知り得ない種類のことがらを表現するのに用いられることが多い。これは、「のダ」の披瀝性と呼んでいる特性であり、「のダ」が背後の事情や実情を表現するものであることを考えるならば、当然のことだと言えよう。

　このため、「のだ」は、話し手自身の心情や個人的事情を表現する文においてしばしば用いられる。告白する調子や聞き手に訴えかける調子を感じさせやすい。

　　本当にわたしは知らないんです。
　　大切なのは作品に接するときの気持ちだと思うんです。
　　あたしほんとは好きなんだ、野球部の太田君。
　　実は、わたしにも同じような経験があるんです。
　　うちの娘もおてんばなところがあって塀で遊んでいたの。そしたら、ブロックが落ちてきて頭に当たったの。

　逆に、聞き手も容易に知ることのできることがらを述べるときには、「のだ」はあまり使われない。このため、次のような対比が生じる。

　　あなたは何座ですか？——わたしは{双子座です／双子座なんです}。
　　きょうは何曜日ですか？——きょうは{水曜日です／?水曜日なんです}。

いずれの例においても、尋ねた人がまだ知らないことについて答

えている点に違いはないが、その内容の性格が異なっている。すなわち、他人の誕生日は教えられるなどしなければ容易には知ることができないのに対し、きょうの曜日を知るには、普通、多少の反省を要するだけである。このため、前者においては「のだ」が自然であるのに対し、後者においては「のだ」が用いがたいことになる。

また、次の文は文末における「のだ」の例ではないが、「のだ」を含むかどうかに応じて、文が用いられる状況に相違がある。

　　日本語には「灯台もと暗し」ということわざが{あります／あるんです}が、わたしにもこのことわざ通りの経験があります。

「灯台もと暗し」ということわざを知っている人を相手に話しているのであれば、「のだ」を用いるのは不自然である。逆に、そのことわざを知らない外国人に対して話しているのであれば、「のだ」を用いるほうが自然であろう。

以上のように、「のだ」には、聞き手の知らないことがら、聞き手にとって知りがたいことがらであるという含みがしばしば伴うわけである。ただし、こうした含みは、あくまでも含みに過ぎず、文脈などによって打ち消すことも可能である。例えば、

　　この制度は田中博士のご遺志によって創設されたのです。

とだけ言えば、聞き手の知らないことがらを表現しているという含みがあるが、

　　ご承知のように、この制度は田中博士の御遺志によって創設されたのです。

のように言うことで、その含みを打ち消すこともできる。また、

これだけ降ったんだ。もうあすは降らないだろう。
のように、ほかの文を述べる根拠を述べるときの「のだ」(8節参照)においては、問題の含みが一般に稀薄である。

5　「のだ」と「からだ」

　「のだ」は基本的に説明を表すものだとする通説に対し、本書では、説明ということは、「のだ」が基本的に背後の事情を表現するものであることの結果として実現する効果の一つであると見ている。

　いずれの見方をするにせよ、「のだ」が説明を表すと言っても、同じく説明の表現であるとされる「からだ」と比べると、説明ということが実現される過程が基本的に異なっていることに注意しておく必要がある。すなわち、「βのだ」は、ことがらαの背後にはどのような事情があるかを問題とするものであり、βがたまたまαの原因や理由である場合に、説明という効果が生じるに過ぎない。これに対し、「βからだ」においては、αとβが因果関係にあることを積極的に表現する。

　このため、「のだ」の使用には、「からだ」にはない一定の制約が課せられることになる。それは、「βのだ」を説明の表現として用いるには、βであることがまだ聞き手に知られていないことが必要である(前節参照)ということである。これに対し、「からだ」にはそのような制約はない。

　例えば、
　　　どうして休むの？——気分が{悪いんです／悪いからです}。
という対話の返答においては、気分が悪いということは話し手の

内面的な事象であるから、聞き手は告げられるまでそれに関して無知でいても無理はない。このような場合には、「のだ」も「からだ」も可能である。ところが、

　どうして休むの？――天気が｛?悪いんです／悪いからです｝。
においては、二人が同じ場所にいて会話をしているのであれば、「からだ」だけが可能である。天気が悪いということは、話し手と同じ場所にいる聞き手も承知しているはずであり、このような場合、「のだ」を加えて説明の表現とすることはできないわけである。「天気が悪いんです」が説明の表現として用いられるとすれば、それは、長距離電話での会話などのように、話し手のいる場所の天気が聞き手には分からない状況に限られるであろう。

　次の例についても同じことが言える。

　　わたしは新幹線で行きます。飛行機は｛怖い／?危ない／?運賃が高い｝んです。
飛行機が怖いということは話し手の感情であるから、聞き手がそれを知らなくても不思議はない。このため、「～怖いんです」とすることに問題はない。しかし、「～危ないんです」「～運賃が高いんです」と言うと、飛行機が危ないこと、運賃が高いことを聞き手が知らないものと話し手が想定しているような含みを伴う。しかし、これは、飛行機が危険であること、運賃が高いことが通念としてある現実にそぐわない。「～危ないんです」「～運賃が高いんです」が説明の文として不適切であるのは、このためだと言うことができる。

　「のだ」が不適切で、「からだ」としなければならない例を、さらにいくつか挙げておく。

どうしてわたしではだめなんですか？——あなたは{?未成年なんです／未成年だからです}。

（体の不調を訴える人に対して）働いてばかり{?いるんだ／いるからだ}よ。

（高熱を出して寝込んでいる人に対して）風邪を引いているのにスキーなんかに{?行ったんです／行ったからです}よ。

聞き手が未成年であること、働いてばかりいること、スキーに行ったことは、いずれも、聞き手が心得ているはずのことがらである。

「のだ」の使用に上述のような制約が課せられる理由について詳しく考えてみると、次のようなことになろう。すなわち、説明の「$β$のだ」においては、話し手の表現心理は、ことがら$α$から出発し、$α$とはどういうことか、$α$の背後にはどのような事情があるかと、詮索する形で展開する。そして、$β$ということがらは、ここで初めて探り当てられたものとして、もしくは、探り当てられたものであるかのごとく、提示される。このために、$β$が既知であるときには、「のだ」を説明の文に用いることができなくるものと思われる。これに対し、「からだ」は、「のだ」とは異なり、因果関係を積極的に表現する。つまり、「$β$からだ」は、あることがら$α$に対して、$β$がその原因や理由という関係にあることを積極的に表現する。このため、$β$であるということがすでに知られているかどうかは、問題とならない。先の例について言えば、天気が悪いということ（$β$）自体は既知であっても、きょうは休むということ（$α$）とのあいだに因果関係を認定するだけの目的にも、「からだ」は使用することができるわけである。$β$が聞き手に

とって既知のことがらの場合、「βのだ」を説明の表現とすることができないのに対し、「βからだ」ではそれが可能であるという事実は、以上のように理解することができる。

なお、同様のことは、あることがらの原因や理由を話し手が推量して表現する場合についても言える。ただ、ここでは、聞き手が知っているかどうかということ以前の問題として、話し手自身の知識が関わってくる。すなわち、原因や理由を推量する表現として「βのだ」が用いられるには、話し手の知識において、βであることが確たる事実ではないことが必要であることになる。他方、「からだ」には、そうした制約はない。

例えば、

  （太郎が怒っていることに関して）きっと誰かがいやなことを{言ったんだ／言ったからだ}。

においては、「のだ」の使用に問題はない。誰かが太郎にいやなことを言ったというのは話し手の推量であり、話し手にとって確たる事実ではないからである。ところが、同じような推量でも、

  （太郎が怒っていることに関して）きっとぼくがいやなことを{?言ったんだ／言ったからだ}。

においては、「のだ」を用いることができない。先の例とは異なり、自分がいやなことを言ったということは話し手にとって明白な事実だからである。同様に、

  （契約を断わられたことについて）きっとわたしが{?未成年なんだ／未成年だからだ}。

においても、「のだ」は不可能であるが、これは、話し手にとって、自分が未成年であることは、疑いの余地のない事実であるか

らだと言える。[8]

6　既定性の含み

　第2章(2.2節)で述べたように、「のダ」には既定性という特性が認められる。この特性は、すでに注意したように、「βのだ」のβが事実であるということを必ずしも意味するものではない。けれども、「βのだ」が、話し手の単なる推量ではなく、話し手が確実に知っていることがらを表現するのに用いられるときには、βは事実としてすでに定まったことがらであることになる。

　このことから、βは、単なる話し手一人の考えではなく、すでに定まった真実だという含みを感じさせる結果になることがある。特に、具体的なことがらを受けることなく実情を表す「のだ」において、この傾向が強い。

　　おまえにそんなことを言う資格はないんだ。
　　そういう思い上がりが人間をだめにするのです。

　また、文の意味や文脈によっては、表されたことがらが、一回かぎりのものではなく、反復して生じるものだという含みになることもある。

　　おまえはそんなひねくれたことばかり言うんだ。
　　何か気に入らないことがあるとすぐすねるんです。

この反復の含みは「のだった」においていっそう強く現れるものなので、これについては第9章(2節)で詳しく述べることにする。

　「のだ」は、押し付けがましい印象を与えたり、人に教え聞かせるような調子を感じさせたりしやすいと言われることがある。本書での理解に従えば、この根底にあるのは、「のダ」の披瀝性であ

り、既定性であろう。すなわち、聞き手には知りがたい種類のことがらを自分は知っていて、それを今ここに提示しているのだといった含み、しかも、それは話し手一人の考えではなく、すでに定まった不動の事実であるという含みが、聞き手に対する話し手の優越を感じさせ、問題の効果を生むものと思われる。

「のだ」のこうした性格が積極的に利用されていると憶測される場合もある。つまり、話し手自身が話の内容に確信を持っているかどうかは別として、ともかく聞き手には疑念を抱かせたくない。このようなとき、文末に「のだ」を加えて表現する。これにより、今自分が述べていることはすでに定まった真実であって疑いの余地がないということを、聞き手に印象付けようとするわけである。疑念を抱いたり反論したりする余地をなくしてしまう効果が「のだ」にはあると言ってもよい。実際、「のだ」の多用は、好意的に受け止めれば、話し手の知識の深さ、悪く考えれば、熟知や精通を装ったり、問答無用で信用を強制したり、自分が知的に優位にあることを誇示したり、権威の影をちらつかせたりしようとする話し手の姿勢を感じさせることが多い。

こうしたことから、法話や説教は、「のだ」が多用される傾向の著しい状況の筆頭に挙げることができる。僧侶や牧師は、無知な世人を教え導くという意識で話すからであろう。

　しかしそんなことを言っては、話の筋道が切れてしまうと考えられる。つづくべき論理の糸が切れるではないかと言われる。それでよいのです。実際、切れなくてはいけないのです。なるほど、普通の哲学者や科学者から見ると、つづくべきものが切れて、前面に大きな溝ができ、その深ささえわからん

ということになるのですが、それは思量分別の上の話で、実地の上から、そんなところを一ぺん経験した人から見ると、その切れ目が、ただちに繋ぎ目になる。底知れぬ淵に飛び込んだら、帝釈天の手の上に乗っていたということになり、平常の経験、常識の世界を少しも外に出ていないのです。ここに宗教者の喜びがあるのです。それでこの喜びを他へ伝えたくて仕様がなくなる。これが宗教者では伝道の精神、哲学者では論理することの、苦しみと兼ねて楽しみとなるのです。
　　　　　　　（鈴木大拙『禅問答と悟り』）
さて、頃を見はからって、この地獄の鬼たちが出てきて、鉄の杖や鉄の棒を手にもって、罪人たちを頭のてっぺんから足の先まであらゆるところを叩きつぶします。体中が、ちょうど砂のかたまりのように粉々になってしまいます。何とむごたらしいことでしょう。罪人たちは、もうこれ以上叩かれ、うちのめされて苦しむことはないと一安心するのです。ところがそこへ涼しい風が吹いてきます。するとまた、彼らは再び生きかえって、前と同じように苦しみを受けるのです。こんな苦しみを繰り返し繰り返し受けつづけるのです。一度死ねば終るのでなく、死んでも苦しみから解放されることなく、永遠に苦しまねばならないとは、つらいことです。しかし、この地獄の苦しみは八大地獄の中では、最もやさしい苦しみであるというのです。
　　　　　（高田好胤『母──父母恩重経を語る──』）
そのイエスの柔和でへりくだったお姿の原点は、いつも父なる神にあって、子としての立場を固く守られるところにあっ

たのです。「わたしのくびきは負いやすく、わたしの荷は軽いからである」と言われたお言葉の意味は、子として徹底的に父なる神に委ねることによって得る平安を語っておられるのです。父なる神の御心にすべてを委ねて従おうとする柔和でへりくだった心に与えられる平安を得るために、イエス・キリストに学んで、子としての立場に留まっていなさいと教えて下さるのです。実に父なる神が私たちに求めておられる柔和と謙虚さは、いつも父の言葉に信頼して従う子の立場を守ることなのです。聖書を一頁残らず暗唱するほどの熱心があっても、父なる神に対する子としての立場を守っていないならば、本当の信仰とは言えないのであります。神を父として信頼し、子として自分を委ねきれる人を、柔和でへりくだった人と言い、このような人を父は喜ばれ、愛されるのです。神と人との関係の回復は、父と子の関係の復活なのです。

(車潤順『無力からの脱出』)

また、一つの分野の指導的な立場にあるような人の書いた文章にも、「のだ」の多用が見られることがある。

言語は何時如何なる場合に於いても、これを産出する主体を考へずしては、これを考へることが出来ない。更に厳密にいへば、言語は「語つたり」「読んだり」する活動それ自体であるといふことが出来るのである。具体的な言語経験は、音声によつて意味を思ひ浮べた時に成立し、文字によつて思想を理解した即座に成立するのであるから、言語は実にこの様な主体的な活動自体であり、言語研究の如実にして具体的な対象は実にこの主体的活動自体であるといつてよいのである。

言語が人間行為の一形式であり、表現の一形式であるといはれる根拠はこゝにあるのである。言語をこの様に考へることは、正しく言語をその具体的にして如実なる姿に於いて把握したことになるのである。言語を心的過程と見る言語本質観はこの様にして生まれるのである。

(時枝誠記『国語学原論』)

以上のような場合を始めとして、一般に、教え聞かせようとする姿勢や、自分だけが真実を知り得る立場にあることを相手に印象付けようとする意図が話し手(書き手)にあるときには、しばしば「のだ」が多用される。以下に、童話、講話、広告などからの例を挙げておく。

さぶろうのおっかあは、このさぶろうが、かわいくてかわいくて、しかたないのです。ひとりぼっちで、あずけてあるさぶろうが、しんぱいなのです。おっかあは、ときどき、山からおりてきます。さぶろうのへやに、さぶろうといっしょに、ねるのです。いたずらぼうずのさぶろうも、おっかあといっしょにねるのは、うれしいのです。むねがわくわくして、なかなか、ねつかれません。けれど、つかれているおっかあは、すぐに、グウグウねむってしまうのです。(『椋鳩十全集10』)

不眠を訴える人は案外多いようですが、眠れない、眠れないと自分で思っていても実は結構眠っているのです。一時、二時、三時と時計の鳴るのを知っていると言う人でも、時計の鳴るあいだの時間は眠っているのです。ただその睡眠が浅いということなのです。

(医師の講話)

一年半でこんなに違って来るんです。疑う前にまず信じて努

力してみることです。嘘とか、偽物をことさら嫌う淡谷さんをこの美容ローラーが納得させたんです。誰だって不思議に思う筈なんです。あの頑固、潔癖な淡谷さんが「ユニオン通信」なんて殆どの人が知らないちっぽけな会社のコマーシャルをすると思いますか？いくらお金を積まれたって、ワケのわからない会社やモノに対して動く人じゃないんです。淡谷さんがそれだけ美容ローラーの能力が優れていることを認めている証明なんです。　　　　　　　　　　　（雑誌の広告）
そのバミューダ海域というのには、あるんですよ、何かがある。その何かとは一体何であるか。まあそら、ＵＦＯがよく出没しておるということもあるけども、それだけでもないんだな。もうひとつはね、まあこういうことは、にわかには、あなた方は信じ難いのではないかと思うけれども、海底基地があるんですよ。そのバミューダ海域の中にね、ＵＦＯたちの基地があるんです、ちゃーんと。それは、海底基地の中にあってね、それでいろんな地球の鉱石の採掘をしたりね、海の中の調査をしたり、あるいはその辺の海流とか、気候とかね、大気、こんなもの調査しとるんですね、よく。

　　　　　　（大川隆法『高橋信次のＵＦＯと宇宙』）

　もっとも、「のだ」がどのような印象を与えるかは、話の内容、話し手の口調、話し手と聞き手の関係、聞き手の側の受け止め方などにも依存する。したがって、「のだ」の多用が、必ず押し付けがましさや教え聞かせるような調子を感じさせるというわけではない。特に、話し手の内心や個人的な事情などのように、話し手だけが知り得るような種類のことがらについて話している場合に

は、「のだ」を多用しても、告白的な調子になるだけであり、押し付けがましさなどを感じさせる結果にはならない。

7　特立性の含み

「βのだ」という文は、βであってβ′やβ″ではないという含みを持つことがある。αであることがすでに分かっている状況で、それはβということだと述べることは、裏を返せば、βであってβ′やβ″ではないということにつながるからであろう。これは、特立性と呼んでいる「のダ」の特性である。

第2章(2.4節)でも述べたように、

　　こどもがどうしてもピアノを習わせてくれと言ったんです。

という文は、こどもにピアノを習わせているのは、本人の希望によるものであって、例えば、親の強制によるものではないといった含みを感じさせる。

特立性との関連で言えば、あることがらを前提として、その原因や理由を新しい情報として付加して述べる場合にも、「のだ」が必要とされることが知られている。例えば、

　　(失敗を悔やんで)君がよけいなことを言うから失敗したんだ。

という文は、失敗したことはすでに分かっている状況において、その原因が、ほかではなく相手のよけいな発言であることを表現するものである。失敗したことを受けて、それを詳しく述べ直すということから、「のだ」が用いられるものと思われる。この文から「のだ」を除いて、

　　君がよけいなことを言うから失敗した。

のようにすると、伝達の焦点は文末の「失敗した」の方に移り、文意が変化してしまう。次のような例についても同様である。

　　君がその話はよすと言ったから帰るのをやめたんだ。
　　それぐらいにしか思っていなかったからこそ今まで続けてこられたんです。
　　仕事に慣れたからと言って気をゆるめるからこんなミスをするんだ。

帰るのをやめたこと、今まで続けてこられたこと、ミスをしたことは、文脈や状況の中ですでに知られている。ここでも、「のだ」を除くことはできない。[9]

　あることがらを前提として、その目的などを新しく表現する場合についても、同じことが言える。例えば、

　　やつをリングに沈めてやるためにボクシングを始めたんだ。
　　みんなの気を引こうとしてあんないたずらをしているんだ。

では、ボクシングを始めたこと、いたずらをしていることを前提として、その目的が表現されている。ここでも、「のだ」が必要とされる。

　ただし、特立性が問題となるような状況ならば必ず「のだ」が用いられるというわけではない。例えば、いくつかの飲物の中で特に紅茶を選択することを表現する場合でも、

　　(迷ったあげく)やっぱり、わたしは紅茶に{します／?するんです}。

のような場合には、「のだ」は用いられない。これは、この文が話し手の意志の決定を表すものであるため、「のダ」の承前性や既定性に矛盾するからだと言うことができる。「のダ」の特立性は、あ

くまでも、αということを受けて、それをβとして述べ直すというところに生じるものとして理解しなければならない。

8 発言の根拠を述べるときの含み

「のだ」が、ほかの文を述べたり、ある判断を下したりする根拠を提示する文において用いられる場合には、一種の含意が加わることがある。それは、「のだ」で終わる文と、それを根拠として述べられる文とのあいだには、単に原因と結果、理由と結末といった関係が理解されるだけではなく、「～である以上、当然、～」といった意味合いが感じられることがあるということである。

例えば、
　　時間がないんだ。（ダカラ）急いでくれ。
という二文の連続について言えば、次のような二通りの解釈が可能であると言ってよい。すなわち、一方においては、時間がないことを告げたうえで、急ぐことを単に要請しているものと解釈することができる。この解釈は、今までに述べてきたところを出るものではない。しかし、他方においては、時間がないことはすでに定まったものとして提示し、そうである以上、急いで当然だと言わんばかりに要求しているものと解釈することもできる。

これを敷衍して、次のように言うこともできよう。つまり、第一の解釈では、二文がそれぞれ独立の情報価値を与えられており、しかも、「時間がないんだ」の文から「急いでくれ」の文への話題の展開がきちんと段階を踏んで行われている。話し手は、時間がないことを知らない聞き手にまずそれを知らせ、そのうえで、急ぐことを要求しているわけである。これに対し、第二の解釈にお

いては、時間がないことを聞き手が知っているかどうかについての話し手の配慮は稀薄である。聞き手が知っているかどうかにはかかわらず、時間がないということが不動の事実として提示される。そして、そのようなことがある以上、急ぐよう要請することが十分に正当化されるとする話し手の姿勢を感じさせる。

次のような例についても、同様に、二通りの解釈が可能である。

　　お金があまりないのです。無駄遣いをしないでください。
　　予算は十分にあるのです。自由に使ってください。
また、
　　せっかくここまで来たんです。見て行きましょう。
　　君がそう言うんだ。間違いはあるまい。
　　これだけ降ったんだ。もうあすは降らないだろう。

のような例においては、前の文は、聞き手も心得ていることがらの表現に「のだ」が加えられた形になっている。このような場合には、「のダ」の披瀝性に反するため、前の文だけを独立に用いるということは考えがたい。このため、ここでは、前の文は後の文を発言する根拠として提示されているとするのが唯一の解釈となる。つまり、「〜である以上、当然、〜」という第二の解釈だけが可能となる。

二文の連続におけるこの第二の解釈は、実は、「のだから」という言い方を含む表現にも共通するものである。さらに言えば、「のだから」を含む文においては、これが唯一の解釈となる。そこで、この問題については第8章で考えることとし、ここでは以上の議論にとどめておく。

注

1)「のだ」に終助詞が伴う場合、終助詞によって「だ」の現れ方に次のような相違が生じる。

　　雨が{降ったんだぞ／[?]降ったのぞ}。
　　雨が{[?]降ったんださ／降ったのさ}。
　　雨が{降ったんだよ／降ったのよ}。

この現象は「のだ」を伴う文に限るものではなく、名詞を述語とする文一般に共通するものである。終助詞の構文的なふるまいについては、補説Aを参照していただきたい。

2)こうした観点から文の類型を考えることを、拙論「文における判断をめぐって」(『西田龍雄教授還暦記念論文集　アジアの諸言語と一般言語学』、三省堂、1990年)で述べた。

なお、ここで問題としていることを別の角度から見ると、「京都だ」という述語の形(あるいは、そこに含まれるいわゆる断定の助動詞の「だ」)それ自体は、断定を表すものではないということである。これは、つとに、金田一春彦氏「不変化助動詞の本質(上)(下)——主観的表現と客観的表現の別について——」(『国語国文』第22巻第2号、同第3号、1953年)が明らかにされていることである。動詞や形容詞の述語についても全く同じことが言える。

3)「電車の中ですられたんだ」は推量判断実践文として用いることができるが、「のだ」を伴わない「電車の中ですられた」ではそうは行かず、したがって、「おそらく」「きっと」などを冠することはできない。この段階で結論を急ぐと、「のだ」には推量を表す働きがあるということになろうが、そうした分析は適切ではない。

結論を述べるならば、問題は、いわゆるル形の述語を持つ文は推量判断実践文たり得るが、タ形の述語を持つ文は推量判断実践文たりがたい、ということである。例えば、ル形の述語を持つ

　　あの男が犯人だ。

あすは晴れる。
のような文は、推量の表現として機能することができ、「おそらく」「きっと」などを加えることができる。これに対し、タ形の述語の場合には、
　　あの男が犯人だった。
　　きのうあちらでは晴れた。
と言えば、通常、事実を述べているのであり、「おそらく」「きっと」などを加えることには無理がある。結局、「電車の中ですられたんだ」が推量判断実践文たり得るのに対し、「電車の中ですられた」が推量判断実践文たり得ないという相違は、「のだ」が用いられているかどうかによるものではなく、述語がル形であるかタ形であるかによるものだということになる。

　この問題の詳細については、上掲の拙論「文における判断をめぐって」を参照していただきたい。

　４）寺村秀夫氏「'タ'の意味と機能」（『岩倉具実教授退職記念論文集　言語学と日本語問題』、くろしお出版、1971年）。

　５）否定の命令、すなわち、禁止の場合には、表現の可能性の分布に奇妙なかたよりがある。
　　同じことを何度も{?言わないんだ／?言わないんです／言わないの}。
すなわち、「の」単独の形は可能であるが、これを「のだ」「のです」とすることはできないのである。こうした制限のない次のような肯定の命令の場合と対比してみれば、その特異性は明らかである。
　　こっちに{来るんだ／来るんです／来るの}。
　このことからすると、禁止の「～言わないの」の「の」は、「のだ」とは関係のないものだということになりそうである。ところが、さらに奇妙なことに、禁止でも、「よ」などの終助詞が付く場合には、「のだ」「のです」も可能となる。

失礼なことを{言わないんだよ／言わないんですよ／言わないのよ}。

(ただし、禁止とは言っても、「よ」の付加により、「言わないの」の形の文とは意味の異なるものとなる。すなわち、眼前で行われている行動や、これから行われようとしている行動を禁止するものではなく、少し遠い将来における行動をあらかじめ防ぐような種類の禁止となる。)

結局、禁止の「～言わないの」は「～言わないのだ」の文体的な変異形と見てよいのではないかと思われるが、それにしても、「～言わないのだ」「～言わないのです」が禁止の表現として用いられない理由は不明である。

なお、「のダ」を用いた禁止の言い方には、「のではない」によるものもあるが、これについては第6章(5節)で取り上げる。

6) 尾上圭介氏「『そこにすわる!』」(『言語』第8巻第5号、1979年)。

7) こうした文の多くは、三尾砂氏『国語法文章論』(三省堂、1948年、82～89頁)の言われる「現象文」であるが、それに限られるわけではない。

8) 説明を表す「のだ」と「からだ」の相違としては、ここで述べた「のだ」の使用に対する制約のほかに、久野暲氏『日本文法研究』(大修館書店、1973年、144～147頁)が指摘された「からだ」に対する二つの制約がある(補説D参照)。久野氏は、「からだ」は「非言語的シチュエイションをその主語とし得ない」としておられるが、この一般化には例外が存在する。

(転んだこどもに対して親が) よそ見してるからだよ。

(高熱を出して寝込んでいる人に対して) 風邪を引いているのにスキーなんかに行ったからですよ。

ちなみに、こうした場合、「からだ」を「のだ」に代えることはできないが、このことは、説明の「βのだ」のβは聞き手にとって未知で

なければならないという制約によるものとして理解することができる。

9) ただし、「～から～のだ」の形をした文が、常に「～から」の部分を焦点とするわけではない。例えば、

　　何をしているんだ？——部屋が散らかっているから掃除をしていたんです。

という対話の返答の文においては、「部屋が散らかっているから掃除していた」全体が聞き手にとって新しい情報である。この文は、掃除をしていたことを前提として、その理由を言おうとするものではない。

　また、「から」には、二つのことがらが原因と結果、理由と結末の関係にあることを表す用法に加えて、発言や判断の根拠を示す用法がある。例えば、雨が降ったかどうかが問題となっている状況で、

　　道が濡れているから、雨が降ったのだ。

と述べることを考えると、この文も「～から～のだ」の形をしているが、やはり、雨が降ったことを前提として、「～から」の部分を新しく伝えようとするものではない。

第4章　「のか」

　次に、「のダ」が、いわゆる疑問文において発問などに用いられる場合について考える。「のか」という言い方がその代表的な形であるが、「誰」「何」「どれ」「いつ」などのいわゆる疑問詞を含む普通体の疑問文の場合には、

　　誰が来たんだ？
　　どこへ行ったんだ？

のように「のだ」の形でも現れる[1]。また、「の」だけで「か」を伴わない言い方もある。ここでは、便宜上、こうした言い方を一括して、「のか」と呼ぶ。

1　「のか」の意味

　「のか」は、「のダ」に「か」の働きが加わったものである。このため、「βのか」は、あることがらαを受けて、それはβということか、αの背後の事情にあるのはβということか、と尋ねるのに用いられる。

　　わたし、お先に失礼します。――何か用事でもあるんですか？
　　うーん、いいなあこの馬は。――馬を見ただけでいいか悪いか分かるんですか？
　　この資料をコピーしておいてくれ。――え？わたしがするんですか？
　　（くしゃみをする人に対して）おたくも花粉症なんですか？

（なかなか行こうとしない人に対して）行かないんですか？
疑問詞を含む場合には、αを受けて、その背後の事情に関する特定の情報を求めることになる。

　　　痛いよう。——どこが痛いの？
　　　（人だかりを見て）何があったんですか？

「のだ」の場合と同様に、具体的なことがαを受けているとは言いがたいことも多い。こうした場合の「βのか」は、すでに定まっていると想定される実情について尋ねているものと言うことができる。

　　　（トコロデ）お酒はよく召し上がるんですか？
　　　おたくのご主人はどちらにお勤めなんですか？
　　　その展覧会、入場料いるの？

「のか」の用法を分類して示すことはここでは省略するが、分類を考えるうえで注意すべき点は、「のだ」の場合と同じく、分類の基準を混同しないようにするということである。すなわち、「のか」においては、第3章（2.1節）で述べたαとβの意味的な関係に基づく分類に、いわゆる疑問文の用法に基づく分類（聞き手に対する発問、自問、疑念や不信感の表明、納得など）が重なってくるわけである。

2　「のか」が用いられない場合

　さて、ここでも、「のか」が用いられない状況としてはどのようなものがあるかということについて考えてみよう。
　まず、「のか」で終わる疑問文は、一般に、その答がすでに定まっている状況でなければ用いることができない。これは、「のダ」

の既定性による制約である。

　このことから、相手が知っていることや相手の既定の内心などを聞き出そうとするときには「のか」を用いることができるのに対し、まだ定まっていないことがらについて、考慮のうえで返答するよう相手に求めるという状況では「のか」が用いられないことになる。例えば、次のような文においては、普通、「のか」は用いられない。

　　どうかね、株で一儲けする気は{ないか／?ないのか}ね。
　　暑いから窓を開けても{いいですか／?いいんですか}？
　　（服を試着して）どう？この服{似合う／?似合うの}？
「どうかね～」の文は、すでに定まった聞き手の意向を問うものではなく、聞き手の意志を特定の方向に導こうとするものである。「暑いから～」「この服～」の文の場合には、問いが発せられて初めて、聞き手の心中に、窓を開けてもよいかどうか、服が似合うかどうかという問題が生じる。いずれの場合にも、それ以前に答が定まっているということはあり得ない。このため、「のか」は用いられないことになる。

　相談を持ちかけるときにも、「のか」は用いられない。マクグロイン直美氏は、二人の人がこれから食事に行こうとしている状況での次のような発言における、「のダ」の有無による意味の違いを指摘しておられる[2]。

　　きょうはどこへ{行く／行くの}？
「～行く？」は、どこに行くかを一緒に決めようと相談を持ちかけるものであるのに対し、「～行くの？」には、どこに行くかを聞き手がすでに決めている(と話し手が考えている)という含みがあ

る。
　勧誘や依頼などの表現においても、「のか」は用いられない。
　　あなたも一緒に行って{みませんか／?みないんですか}？
　　手伝って{もらえますか／?もらえるんですか}？
「～みませんか？」は勧誘、「～もらえますか？」は依頼を表すものであるが、「～みないんですか？」「～もらえるんですか？」は、聞き手の既定の内心を問うものであって、勧誘や依頼の表現にはならない。このため、当然のことながら、「のか」を伴う文には、「よかったら」「ちょっと」といった勧誘や依頼に特有の表現を加えることができない。
　　よかったらあなたも一緒に行って{みませんか／?みないんですか}？
　　ちょっと手伝って{もらえますか／?もらえるんですか}？
　　そろそろ{出発しますか／?出発するんですか}？
　このように見てくれば、次のような二文がどのように使い分けられるものであるかを知ることは容易であろう。
　　あすは行きますか？（ドウゾ決メテクダサイ。）
　　あすは行くんですか？（教エテクダサイ。）
「～行くんですか？」は、行くかどうかがすでに決まっているものと見たうえで、いずれであるかを問うものである。すでに定まった胸の内を明かすことが求められているのであって、行くかどうかをこれから考えて返答することが求められているわけではない。これに対し、「～行きますか？」は、聞き手に考慮を求める場合にも問題なく用いることができる。もっとも、「のか」でも、次のように用いられることがないわけではない。

いったい、行くんですか？行かないんですか？早く決めてく
　　ださい。

答が未定であるにもかかわらず「のか」が用いられており、上述の一般化に一見矛盾している。しかし、この矛盾はむしろ話し手により意図的に利用されているものであろう。つまり、実際には未定のことをあたかも既定であるかのように表現することで、聞き手に考慮の時間をこれ以上与えまいとする話し手の姿勢を示すものであろうと思われる。(「ちょっと待った！」「どいた！どいた！」のように、動詞のタ形によって命令を表す言い方に通じるものと言えようか。)

　次の二文についても、同じように考えることができる。

　　先方に知られてはまずいですか？（ドウデスカ？）
　　先方に知られてはまずいんですか？（ソウオッシャリタイワ
　　ケデスカ？）

「〜まずいですか？」は、聞き手に判断を求めるものであるが、「〜まずいんですか？」は、聞き手の考えはすでに定まっているものとして、それを問い正すものであると言えよう。

　なお、いわゆる従属節として用いられる疑問文においても、「のか」の使用は同じような制約を受ける。

　　せっかく直りかけた体を悪く{しないか／?しないのか}と心
　　配しています。
　　またいつどこで{倒れるか／?倒れるのか}分からないので心
　　配で…。
　　お口に{合います／?合うんです}かどうか。

いずれの例においても、発言の時点においては未定のことがらが

表現されており、「のか」は用いられない。

さて、一方的な報告や通知の表現においては、そのことがらが事実としては既定であっても「のだ」が用いられないということを第3章(3節)で述べた。

「のか」を伴う疑問文についても、これに相当する現象が認められる。例えば、次のような文においては、答は事実としてはすでに定まっているはずであるが、「のか」を用いないのが普通であろう。

　　おい、けさの新聞{見たか／?見たのか}？
　　(定期検診を受けたと言う人に対して)何か異状は{あったか／?あったのか}？
　　ぜひここで言っておきたいというようなことは{ありますか／?あるんですか}？

こうした疑問文は、何かを受けて、その背後の事情はこういうことかと尋ねたり、実情はこういうことかと尋ねたりしているものではないため、「のか」が用いられない。

また、通常の会話であれば、

　　(体の不調を訴える人に対して)どう{なさいましたか／なさったんですか}？
　　日曜日にはどちらにおいでに{なりましたか／なったんですか}？

のような場合、どちらかと言えば、「のか」を用いる言い方のほうが一般的であろう。しかし、これに対し、医師が初診の患者に対して症状についての報告を求めたり、警察の捜査員が参考人から事情を聴取したりするという状況では、

どう{なさいましたか／?なさったんですか}？
　　　日曜日にはどちらにおいでに{なりましたか／?なったんですか}？
のように、「のか」を用いないのが普通であろう。同様に、通常の会話で、知人を相手に話をしているときには、

　　　祇園祭にはおいでに{なりましたか／なったんですか}？
　　　確定申告はもう{すまされましたか／すまされたんですか}？
のように、「のか」の使用に問題はないが、不特定の相手、多人数の相手に対して尋ねるような状況であれば、

　　　（アナウンサーが視聴者に）みなさん、祇園祭にはおいでに{なりましたか／?なったんですか}？
　　　（税務署の広告）確定申告はもう{すまされましたか／?すまされたんですか}？
に見るように、「のか」は用いられない。

　こうした相違については、次のように考えることができる。すなわち、「のか」を伴う疑問文は、背後の事情や実情を尋ねるということから、聞き手の個人的な領域に立ち入って尋ねるような話し手の姿勢を感じさせることにもなる。このため、個人どうし（特に、知己どうし）の対話であれば「のか」は問題なく用いられるが、聞き手とのあいだに距離をおいて、一方的に情報の提供を求めるような場合には、「のか」は用いられないということであろう。

3　披瀝性の含み

　「のか」を伴う疑問文は、相手に尋ねなくては答の知りようが

ないようなことがらを尋ねているという印象を与えることが多い。問い手自身が容易に答を出せるようなことがらを尋ねるときには、「のか」は不適当になりやすい。これは、「のダ」の披瀝性によるものである。

　例えば、次に示すような相違が生じる。第3章(4節)で述べた、「のだ」の使用に対する制約との関連は明らかであろう。

　　お生まれは{どちらですか／どちらなんですか}？
　　きょうは{何曜日ですか／?何曜日なんですか}？

普通、他人の出生地は教えられるなどしなければ知りようがないから、「のか」を用いて尋ねることができる。しかし、きょうの曜日は、通常の状況であれば、誰にでも容易に明らかにすることができるから、「のか」を用いるのは不自然となる。

　次のような例に見る対比も、同じように考えることができる。

　　あなたたち、先週の日曜日はどこに{行った／行ったの}？
　　わたしたち、先週の日曜日はどこに{行った／?行ったの}？

他人の行動は、必ずしも容易には知り得ないから、「あなたたち〜」の文では、「のか」を用いることができる。しかし、「わたしたち〜」の文では、「のか」は不適切である。答となるべき情報を問い手は失念していて容易には想起できないということもあろうが、それにしても、自分自身の行動に関わることがらである以上、本質的に問い手にとって知りがたいということにはならないということであろう。同様に、

　　あなたにはもうこの写真{さしあげましたか／?さしあげたんですか}？

においても、「のか」は用いがたい。

また、次のような種類の反語的な疑問文においても、「のか」は許されない。話し手は自分の知りがたい背後の事情や実情を実際に尋ねているわけではなく、話し手には答となるべきことがすでに分かっているからであろう。

　　また忘れちゃって。わたしが何度も{言いませんでしたか／?言わなかったんですか}?

何度も言ったということを話し手は確信しているのであって、実際に実情がどうであったかと聞き手に尋ねているわけではない。さらに、

　　そんな残酷なことがわたしの口から{言えますか／?言えるんですか}。

　　(隠れんぼで衣服を汚したこどもを母親が叱って)ごみバケツの中に隠れるような子が{いますか／?いるんですか}。

のような文についても、同じように考えることができる。ここでは、残酷なことが自分の口から言えるということや、ごみバケツの中に隠れるようなこどもが(聞き手以外に)いるということは、話し手の意識においては、明白な誤りである。こうした例においても、話し手は、背後の事情や実情を尋ねているわけではないから、「のか」は用いられないことになる。

4　「のか」と「からか」

　原因や理由を表す「のだ」には、同じく原因や理由を表す「からだ」にはない制約が課せられることを第3章(5節)で述べたが、「のか」についても同じようなことが言える。

　「βのか」は、αということがらを受けて、その背後の事情と

してどのようなことがあるかを探るものであるため、βという命題自体が話し手にとって既知である場合には、「βのか」は不適当となる。他方、「からか」にはそうした制約は課せられない。

このため、

> きょうは休みます。――体の具合でも{悪いんですか／悪いからですか}？

においては、「のか」も「からか」も可能であるが、

> きょうは休みます。――天気が{?悪いんですか／悪いからですか}？

においては、「のか」は不適切である。相手の体の具合が悪いかどうかは、話し手の知らないことであり得るが、天気が悪いということは、会話の状況において明白なことがらであることから、そうした相違が生じるものと言える。同様に、

> あなたはだめよ。――どうして？（ワタシハ）{?未成年なの／未成年だから}？

のような例においても、「のか」は許されない。これは、自分が未成年であるということは話し手が当然承知しているはずのことがらであるからだと言ってよい。

5　特立性の含み

また、「のダ」の特立性により、「βのか」で終わる疑問文は、ほかの可能性β′、β″ではなくβであるかと尋ねているという含みを伴うことがある。

例えば、次のような文には、ほかの可能性を排除するような含みがある。

これは（人ニモラッタノデハナクテ）自分で買ったんですか？
　　　あの人は（大阪デハナクテ）奈良から来ているんですか？
　複数個の選択肢を提示して尋ねる疑問文でも、「のか」がよく用いられる。
　　　家を売りたいんですか？買いたいんですか？
　　　それ、買うの？もらえるの？
「家を〜」の例は、相手が家の売買のことを話題にしたことを受けて、それはどういうことかと尋ねているものである。「それ〜」の例は、相手の持ち物について、その入手方法を尋ねている。
　また、次のように、あることがらを前提として、その理由や目的などを尋ねる文でも、しばしば「のか」が用いられる。
　　　駅から近いからこの会場を選んだんですか？
　　　何を学ぶために彼らは{?留学したがりますか／留学したがるんですか}？
文脈上、この会場を選んだこと、彼らが留学したがることはすでに認められており、その理由や目的が問われている。こうした文から「のダ」を除くと、不自然な表現となってしまう。
　「なぜ」「どうして」などの表現を伴って原因や理由を尋ねる疑問文においては、ほとんど常に「のか」が用いられるということは周知のことであろう[3]。
　　　どうしてこんなことを{?しましたか／したんですか}？
しかし、これは、原因や理由を尋ねる疑問文だけの特別な事情と見る必要はない。一般的な形で言えば、あることがらを前提として、そのことをめぐってさらに詳細な情報を求めるような場合には、「のか」が用いられることが多いということであろう。このこ

とは、次のような例からも確かめることができる。

　　金閣寺は誰が{?建てましたか／建てたんですか}？

この疑問文において「のか」が用いられるのと、理由を尋ねる疑問文において「のか」が用いられるのは、基本的に同じことだと思われる。

　ただ、理由を尋ねる場合には「のか」がほとんど常に用いられるのに対し、述語の補語などについて尋ねる場合には必ずしも「のか」が用いられないという相違は確かにある。しかし、この相違は、次のように考えるべきものであろう。理由というものは、述語と補語とから成る命題の中核からすればその外部に位置する要素であるが、ガ格やヲ格などの補語は命題の中核を構成する要素である。理由を尋ねるような状況においては、そうした意味での命題の中核はすでに完成されていなければならない。つまり、命題の中核が定まって初めて、それがどのような理由によるものであるかということが問題となるわけである。これに対し、補語について尋ねる状況では、命題の中核が未完成であることもあれば、完成していることもある。例えば、相談をもちかけるときには、

　　会長には誰を推すことにしますか？

のように、「のか」を用いずに尋ねるが、これは、誰が誰を会長に推すという命題の中核が未完成であるからである。これに対し、上の「金閣寺は～」の例では、誰が何を建てたかという命題の中核は、事実としてはすでに完成している。ただ、話し手が十分な知識を持っていないだけである。このような場合には「のか」が用いられやすいことになる。

　なお、「のだ」の場合と同様、特立性が認められさえすれば「の

か」が用いられるというわけではない。例えば、山か海のどちらに行くかをこれから相談して決めようとしている状況では、

　　山に{行く／?行くの}？それとも海に{行く／?行くの}？
に見るように、「のダ」は用いられない。

6　感情的な含み

　あることがらαを受けて、その背後の事情はβということかとあらためて尋ねるということは、αが意外だということでもあり得る。何か納得しがたいことがあって、その実情を問い正すような場合も、同様である。

　この意外性により、「のか」で終わる疑問文は、しばしば、疑念、驚嘆、非難、不服、感激などの感情的な含みを伴うことになる。音調は、それぞれの感情の表出に特有のものとなる。

　　本当におまえにできるのか？（疑念）

　　こんなものを食べてるの？（驚嘆）

　　これを全部わたしに下さるんですか？（感激）
疑問詞を含む場合には、「いったい」を伴うことも多い。[4]

　　いったい誰がこんなことをしたんですか？

　　あんなやつのいったいどこがいいの？

　「のか」はこうした含みを伴いやすいだけに、望ましいことがらの表現に「のか」を加えて尋ねるときには注意を要する。と言うのも、

　　お元気なんですか？

　　もう病気直ったの？

　　え、あなたも一緒に来るんですか？

といった疑問文は、声の調子や顔の表情などが適切でなければ、話し手の不満などを示すものと解釈される可能性があるからである。

7　話し手の予想

「βのか」という形の疑問文では、話し手はβが事実であると予想していると言われることがある。確かに、そのような傾向はあると言ってよい。例えば、

　　（行こうとしない人に対して）行かないんですか？
　　（元気のない人に対して）気分でも悪いの？

のような場合、話し手は、相手が行かないもの、相手の気分が悪いものと見て、その確認を求めている。

しかし、これは原理的な制約ではなく、単なる用法のかたよりと言うべきであって、「のか」がそうした予想のある場合にしか用いられないわけではない。

まず、次のような例においては、βが事実であるかどうかに関して話し手は全く中立的である。

　　来週の会、出席するの？
　　お子さんはおありなんですか？

また、逆に、βが事実ではないと話し手が予想している場合もある。例えば、疑るような調子で、

　　本当にこれが本物なのか？

と問うとき、話し手が想定しているのは、実は偽物だということである。同様に、

　　裁判官がそんなことをしていいのか？

人の迷惑ということを考えたことがあるのか？
　　おい、聞いてるのか？
なども、話し手の想定は、裁判官はそんなことをしてはならない、相手が人の迷惑を考えたことがない、相手が話を聞いていないということにある。[5]

注

1)「誰」「何」「どれ」「いつ」のような語は「不定詞」と呼ぶべきものであるが、ここでは不定詞が疑問文において疑念の対象の事物を表す用法だけを問題としているので、慣習に従って「疑問詞」という用語を用いる。なお、疑問文における疑問詞と終助詞「か」の関係については、補説Bを参照していただきたい。

2) Naomi H. McGloin 'Some observations concerning NO DESU expression' (*The Journal of the Association of Teachers of Japanese* vol.15, no.2, 1980)。

3) 理由を尋ねる場合、丁寧体の疑問文であれば、「のダ」が必要であるが、普通体の疑問文であれば、「のダ」を伴わない言い方も可能である。
　　どうしてこんなことを{?しましたか／したんですか}？
　　どうしてこんなことを{した／したんだ？}
ただ、普通体の疑問文と言っても、眼前の相手を非難したり難詰したりする場合に限られ、しかも、文末音調は必ず降調になることが注意に値する。この現象をどのように解釈すべきかは不明である。
　　また、試験の問題文などにおいても、「なぜ」を含んでいても、「のダ」が用いられないことがある。
　　　ここで主人公はなぜ傍線部のように叫んだか。
出題者は、解答者に対して、自分の知らない事情を詮索する姿勢で尋

4)「いったい」を伴う疑問文においても、文体によって、「のダ」が必要とされる度合に相違がある。

　　いったい誰がこんなことを{?しましたか／したんですか}？
　　いったい誰がこんなことを{した／したんだ？}

ここでも、「のダ」を伴わない言い方は、眼前の相手を非難したり難詰したりしているという印象が強い。

　5)「ない」が通常の否定の働きをしているとは言えない、非分析的な否定疑問文の場合には、話が多少複雑になる。例えば、

　　どうもあの男が犯人じゃないのか？

では、話し手は、問題の男が犯人であろうと見込んでいる。しかし、この疑問文は、補説Ｃにおいて第二類の否定疑問文と呼んでいるもので、分析的な表現ではない。すなわち、この文の意味は、「あの男が犯人じゃない」という否定表現の意味に「のか」の働きが加わったものと考えることはできない。否定疑問文の問題については、補説Ｃを参照していただきたい。

第5章 「のだろう」

　この章では、「のだろう」について考える。「だろう」は一般に「推量の助動詞」と呼ばれているが、特に話しことばにおけるその用法を問題にしようとすると、推量を表すとするだけでは足りない場合もあり、さらに、推量を表すと言うことがそもそも無理な場合もある。そこで、「のだろう」について考えるに先立ち、「だろう」の働きをまず整理しておく。

1　「だろう」の三種類の用法

　ここでは、「だろう」の用法を三通りに分けて考える。もっとも、これらは厳密に区別し得るものではなく、相互に連続するものであろう[1]。

　まず、その第一の用法とは、

　　雨が降る(の)だろう。

のように話し手の推量を表すものである。文末音調は基本的に降調である[2]。このような場合の「だろう」の働きを、「単純推量」と呼ぶことにする。上の文には、「か」を加えて、

　　雨が降る(の)だろうか。

のような疑問文にすることができる。また、

　　何が起こる(の)だろう。

のように、疑問詞を含む文も可能である。しかし、いずれの場合にも、文末音調は際立った昇調にはならない。尋ねるような姿勢

で発せられる文であるにしても、話し手は、聞き手から確実な情報を聞き出そうとしているわけではなく、問題を提起して聞き手にも考慮を求めているに過ぎないからであろう。

　さて、推量の当否が聞き手にとって明らかであるような場合には、「だろう」は、話し手の推量を表明しながらも、その推量が正しいことの確認を聞き手に求める働きが加わる。これを、「だろう」の第二の用法、「推量確認要求」とする。

　　疲れているんでしょう。（モウ寝ナサイ。）
のような文がその例である。疲れているということは話し手にとっては推量であるが、聞き手にとっては、疲れているかどうかは、推量すべき性質のことがらではなく、確実に知っているはずのことがらである。

　第三の用法は、「事実確認要求」とでも呼ぶべきものである。これは、

　　駅や地下街によくいるだろう、ああいう男が。
のような「だろう」の用法を言う。「ああいう男」が駅や地下街によくいることは、推量によるものではなく、話し手が事実だと信じていることがらである。ここでの「だろう」の働きは、聞き手にその事実の確認を求めたり、聞き手の注意をその事実に向けさせることにあると言ってよかろう。この「だろう」は、次のように、「ではないか」で言い換え得ることが多い。[3]

　　駅や地下鉄によくいるじゃないか、ああいう男が。

　第二、第三いずれの用法の場合にも、文末音調は、降調と昇調の両方が可能である。昇調であれば、聞き手に対して返答を求める度合が強まると言えよう。ただ、返答を求めるにしても、「か」

が付くことはないし、疑問詞を含むこともない。話し手は疑念を表現したり問題を提起したりしているわけではないからであろうか。いずれにせよ、「か」を伴ったり疑問詞を含んだりするのは、単純推量の「だろう」の場合に限られると言ってよい。

2 「のだろう」の意味

さて、「βのだろう」は、「のダ」と「だろう」が組み合わせられたものであるから、あることがらαの背後の事情がβであることや、問題の実情がβであることを、推量して述べたり、推量や事実についての確認を聞き手に求めたりするのに用いられる。「のだろう」においても、「のダ」の働きは「だろう」からは原理上は独立しているが、「のダ」が用いられるかどうかは、「だろう」のそれぞれの用法の性格にも依存する。そこで、以下では、前節で示した「だろう」の用法の区別に従って、「のだろう」の意味や用法について検討する。

第一に、単純推量の「だろう」について考える。次の二文がその例である。

　　　（空ガズイブン暗イ。コレダト）今夜あたり雨が降るだろう。
　　　（空ガズイブン暗イ。コレハ）今夜あたり雨が降るんだろう。

「～降るだろう」という文は、雨が降るかどうかということ自体を推量して述べるものである。空が暗いということは、推量の根拠にはなっているものの、この文の意味には直接の関わりを持っていない。これに対し、「のダ」を伴う「～降るんだろう」においては、雨が降るということは、直接に推量されているのではなく、空が暗いという事実の背後の事情として推量されている。ちなみ

に、天気予報では、「あすは雨が降るでしょう」と言い、「あすは雨が降るのでしょう」とは言わない。これは、天気予報が、観測事実の背後にどのような事情があるかを解説するものではなく、観測事実から引き出される予測そのものを告知するものと考えられているからであろう。

疑問詞を含む場合についても、同じように考えることができる。

　　虫はどこから入って｛来るだろう／来るんだろう｝。

「～来るだろう」という文は、これから虫が入って来るのを待ち受けているような状況で用いられるものである。まだ実現していないできごとについて、思いを巡らせているだけである。これに対し、「～来るのだろう」は、虫が入って来ているという事実が実際にある状況において、虫の侵入場所はどこかという話し手の疑念を表現するものである。

次のような例において「だろう」でなく「のだろう」が用いられる理由は、もはや明らかであろう。

　　跳び上がって喜んでるよ。(アレハ)よほど｛?嬉しいだろう／嬉しいんだろう｝。
　　あんなに高い所まで登っている。｛?こわくないだろうか／こわくないんだろうか｝。
　　難しい顔をしてるなあ。(アレハ)何を考えて｛?いるだろう／いるんだろう｝。

いずれの例においても、あることがらを受けて、その背後の事情を推量したり、そのことをめぐる疑念を表現したりしている。

逆に、次のような場合には、「のだろう」ではなく「だろう」としなければならない。

もう十分に練習した。だから、きっと{できるだろう／[?]できるんだろう}。

　テーブルを隅に動かせば、少しはこの部屋も広く{見えるだろう／[?]見えるのだろう}。

　世の中には不思議なことがいろいろありますが、これからご紹介する実話についてあなたはどうお思いに{なるでしょう／[?]なるのでしょう}。

ここでは、あることがらを受けて、その背後の事情を問題としているのでもなければ、すでに定まっている実情を問題としているのでもない。これからどうなるかということが推量されているわけである。「のダ」の承前性も既定性も満たされていないと言ってよい。

　ただし、「のだろう」が可能かどうかは、ものごとの捉え方にもよる。事実としては未定のことがらであっても、運命論的な把握により、すでに定まっているかのごとく表現するときには、次のように「のだろう」を用いることも可能となるであろう。

　この港町も数十年後にはどのように変わって{いるだろう／いるのだろう}。

　また、話し手には確かには知り得ないが、すでに定まっていると考えられる現在や過去の実情を推量して表現する場合にも、「だろう」と「のだろう」の意味が接近することがある。

　あちらでは雪が降って{いるだろうなあ／いるんだろうなあ}。

　あの子落ち着いて{演奏できたでしょうか／演奏できたんでしょうか}。

第二に、推量確認要求の「だろう」について言えば、これは「のダ」を伴うことが多い。すでに定まった聞き手の内心や個人的な事情などについて推量し、その確認を相手に求める場合が多いためであろう。「のダ」の披瀝性の効果が明確に現れやすい状況であると言える。

　疲れて{?いるでしょう／いるんでしょう}？もう寝なさい。
　どうせあなたのことだから{?高望みしてるでしょう／高望みしてるんでしょう}？
　分かったよ。片付けりゃ{?いいだろう／いいんだろう}？
　ちょっと、わたしの話{?聞いてるでしょうね／聞いてるんでしょうね}。

もっとも、「だろう」が用いられないわけではない。例えば、次のような二文を比較してみよう。

　君も行くだろう？（コレガ最後ノ機会ナンダヨ。）
　君も行くんだろう？（何ヲグズグズシテイルンダ。行クト言ッタジャナイカ。）

「～行くだろう？」のほうは、聞き手が行くとの話し手の推量を表現し、その確認を聞き手に求めている。実際には行くかどうか分からないうちから、行くものと決めてかかったような表現をすることで、結果的に勧誘を表すことになる。これに対し、「～行くんだろう？」は、勧誘を表すものではなく、行くかどうかはすでに定まっていると見て、その実情を問題とするものである。同様に、

　一度だけなら行ってもいいでしょう？（許可シテクダサイ。）
　一度だけなら行ってもいいんでしょう？（ソウオ考エナンデ

ショウ。)
においても、「〜いいでしょう?」は、行ってもよいという判断に同意するよう聞き手を促すものであるが、「〜いいんでしょう?」は、聞き手の意向はすでに定まっているものとして、その実情を尋ねるものである。

　第三に、事実確認要求の「だろう」は、どちらかと言えば、「のダ」を伴わないことが多い。

　　(地図を前に)ここに消防署が{あるでしょう／?あるんでしょう}?
　　ほらね、簡単に{できるでしょう／?できるんでしょう}。
　　どうしてそんなことするの?——こうしておけば雨が降っても{濡れないでしょう／?濡れないんでしょう}?
　　駅や地下街によく{いるだろう／?いるんだろう}、ああいう男が。

次の例のように、話し手の不満やいらだちを感じさせることもある。

　　静かにしろと{言ってるだろう／?言ってるんだろう}?
　　公衆電話くらい探せばその辺に{あるでしょう／?あるんでしょう}?

　事実というよりも、話し手の判断や評価の表現であることもある。ここでは、話し手の感情的な含みを伴うことがいっそう多い。

　　そんなこと{当然でしょう／?当然なんでしょう}?
　　知らないなら知らないって言えば{いいだろう／?いいんだろう}。
　　{仕方ないでしょう／?仕方ないんでしょう}?ふだん着慣れ

ていないんだから。

　事実確認要求の「だろう」においても、あることがらの背後の事情や既定の実情を述べるような場合には、「のだろう」の形になる。

　　あなたがこのおもちゃが欲しいって{?言ったでしょう／言ったんでしょう}？
　　どうしてもと言うから来て{?あげたでしょう／あげたんでしょう}？

3　披瀝性の含み

　「のだ」や「のか」に関して述べたことの多くは、「のだろう」にもほぼそのまま当てはまる。「のダ」の披瀝性について言えば、上述したように、推量確認要求の「だろう」は、聞き手の内心や個人的な事情を表現する場合が多いため、しばしば「のだろう」となる。また、単純推量の「だろう」が「のだろう」の形で用いられるときには、話し手にも聞き手にも容易には知り得ないことがらが表現されていることが多い。

　　そのころの人々の生活は、さぞ大変だったんでしょうね。
　　ともかく、誰か、そういうことを考え始めたやつがいたんだろう。
　　彼には、きっと、おやじに対するコンプレックスみたいなものがあるんでしょうな。

4　「のだろう」と「からだろう」

　また、原因や理由を表現する「のだ」や「のか」に課せられた

ような制約が、「のだろう」についても認められる。すなわち、「βのだろう」は、あることがらαの背後の事情を探る形での推量を表すものであるため、単純推量の「だろう」の場合に限って言えば、「βのだろう」のβは、話し手にとって確実な知識であってはならないことになる。これに対し、「からだろう」には、そのような制約はない。

　（契約を断わられたことに関して）わたしが{?未成年なんだろう／未成年だからだろう}。

　（参加者が少ないことに関して）こんなに雨が{?降っているんだろう／降っているからだろう}。

5　特立性の含み

「のだろう」における「のダ」の特立性の働きも、「のだ」や「のか」の場合と同様である。一例を挙げれば、

　あなたがこのおもちゃが欲しいって言ったんでしょう？

は、話し手は聞き手におもちゃを買い与えたくて買い与えたわけではないことを含意する。

また、

　被害者たちは社員の親切そうな様子にだまされて契約書に判を押してしまったのでしょう。

　あなたがどうしてもと言うから来てあげたんでしょう？

などにおいては、被害者が契約書に判を押したということ、話し手が聞き手のところにやって来たことを前提として、その原因や経緯を問題としているために、「のだろう」が用いられている。

　疑問文の場合と同様、「なぜ」「どうして」を伴って原因や理由

についての疑念を表現するときには、ほとんど常に、「のだろう」となる。[4]

　　どうして太郎は{?来ないだろう／来ないのだろう}。
　　自分のこどものことなのにあの人ったらどうして知らん顔でいられるんでしょう。

太郎が来なかったこと、話題の人が知らん顔でいることを受けて、その背後の事情についての話し手の疑念を表現しているわけである。もっとも、次に見るように、「どうして」を含む文が、「だろう」で終わることがないわけではない。

　　そんな話を聞いて、どうして知らん顔でいられるでしょう。

しかし、この文は、知らん顔でいられるという事実を受けて、その背後の事情を探ろうとするものではない。知らん顔ではいられないという意味の反語的な表現である。このような表現においては、「のだろう」とすることはできないが、これは、「のか」が反語を表し得ないことがあった（第4章（3節）参照）ことに通じるものと言えよう。

6　特殊な「だろう」

　「だろう」には、これまでに述べてきた用法の延長としてではあろうが、いくつかの特別な用法がある。

　まず、話を進めるうえで必要なことがらを仮定して、その了承を聞き手に求める「だろう」の用法がある。事実確認要求の「だろう」の一種と見てよいと思われるが、これは「のだろう」とはならない。

　　かりに南極の氷が全部溶けたと{するでしょう／?するんでし

ょう}?
　　まずこういうふうに端を{持ち上げるでしょう／?持ち上げるんでしょう}?

いくつかのことがらを列挙する、次のような「だろう」についても同様である。

　　山田さんは病気でしょう？鈴木さんは仕事でしょう？誰も都合が付かないの。

また、程度や数量を表す疑問詞と「だろう(か)」を組み合わせることによって、程度の高さや数量の多さを表現する用法がある。ここでも、「だろう」の代わりに、「のだろう」とすることはできない。(ちなみに、「ことだろう」という言い方にすることはできる。)

　　どれだけあなたのことを{心配したでしょう／?心配したんでしょう}。

　　自分には無理だと何度くじけそうに{なったでしょう／?なったんでしょう}。

最後に、「何と～だろう」「何て～だろう」などの言い方もある。ここでは、逆に、「だろう」ではなく、「のだろう」とするのが普通である。

　　この電車は何て速く{?走るだろう／走るんだろう}。

　　この家は何て{?大きいだろう／大きいんだろう}。

もっとも、述語の種類によって、「のダ」が必要とされる度合に多少の相違がある。ただ、これは「のだろう」だけに関わる問題ではないので、あらためて第10章(1節)で取り上げる。

注

1）単なる推量とは言えない「だろう」の用法に関しては、古くは、三尾砂氏『話言葉の文法——言葉遣篇——』(帝国教育会出版部、1942年、184～186、236～237頁)、宮地裕氏「文末助辞と質問の昇調」(『国立国語研究所論集1　ことばの研究　第1集』、秀英出版、1959年)に言及が見られる。近年では、奥田靖雄氏「おしはかり(一)」(『日本語学』第3巻第12号、1984年)による詳論がある。ここで言う「だろう」の三種類の用法は、奥田氏が「おしはかりの文」「念おし的なたずねる文」「たんなる念おしの文」として区別しておられるものにそれぞれ相当する。

2）単純推量の「だろう」でも、次のように、文末音調が昇調になることもある。

　　太郎まだ来ないわね。——どうせまた寄り道してるんだろう？
こうした「だろう」は、次に述べる推量確認要求の「だろう」に近付いた位置にあるものと言える。

3）補説Cにおいて、第一類の「ではないか」としているものである。

　なお、事実確認要求の「だろう」は、しばしば、話し手の不満やいらだちなどの感情を含みとして感じさせる。

　　静かにしろと言ってるだろう？
　　きのうちゃんと買ってあげたでしょう。
こうした含みは、認識していて当然のことがらを聞き手が認識していないということに起因するものであろう。

4）クイズやなぞなぞでは、原因や理由を尋ねるときでも、「のダ」が用いられないことがある。

　　なぜ源頼朝は鎌倉に幕府を開いたでしょう。
試験の問題文では、原因や理由を問うときでも、「のか」が必ずしも用いられないということがあった(第4章(注3)参照)が、これに通じる現象であろう。

第6章 「のではない」

「のではない」は、「のダ」が「ない」を伴って否定文の形で用いられるものである。[1]

1 「のではない」の意味

「のではない」は、あることがらαを受け、それはβということではない、その背後にある事情はβということではないと述べたり、問題となっている実情はβということではないと述べたりするのに用いられる。

例えば、

　　雨が降ったんじゃありません。

について考えてみよう。濡れた地面を見て、誰かが、「地面が濡れている(α)のは、雨が降った(β)ということだ」と考えたり述べたりする。もしくは、その見込みがある。上の文は、そうした状況において、その判断なり発言なりの妥当性を否定するために用いられる。そして、この否定の背後には、不適当なβに代わるべき命題β'がしばしば予定されている。例えば、

　　そうではなく、わたしが水を撒いたんです。

というような発言が続くことが予想されるわけである。

次のような例も同様である。

　　殴ろうと思って殴ったんじゃない。振り上げた手が当たったんだ。

人に手をかけてしまったこと(α)について、それは、殴ろうという意志に基づいて行った(β)ということではなく、振り上げた手がたまたま当たった(β')に過ぎないということを述べている。また、

　　家を買ったんですか？——いいえ、家を買ったんじゃありません。土地を買ったんです。

という対話における返答は、何かを買ったということを前提として、それが、家ではなく、土地だと述べており、

　　家を買ったんですか？——いいえ、買ったんじゃありません。売ったんです。

という対話における返答は、家に対して何かを行ったということを前提として、それが、買ったということではなく、売ったということだと述べている。

　このように、「βのではない」という発言には、それに続いて（場合によっては、それに先立って）、不適当なβに代わるべきβ'が「β'のだ」の形で示されることが多い。

　もっとも、どのようなβ'が考えられているかは明示されなくても、文の意味や文脈、常識などから明らかなこともある。

　　間違ってもらっちゃ困るが、遊びに行くんじゃないからな。
　　おそらく、著者はそこまで考えてこの文句を引用したのではない。
　　疑っているんじゃありませんが、身分証の提示をお願いします。

不適当なβに代わるべきβ'として、仕事をしに行くのだ、あまり考えずに引用したのだ、規則で決められているからだ、といった

ことが背後にあることが明らかである。こうした場合には、当然、「$β'$のだ」は表現するに及ばないことになる。

なお、以上のいずれの例においても、「のダ」を含めることが必要であることに注意されたい。「雨が降らなかった」「殴ろうと思って殴らなかった」「〜遊びに行かないからな」などとすると、少なくとも同じ意図での使用には不適切な表現となる。

2 特立性の含み

「のではない」においては、拒絶される$β$に代わるべき$β'$の存在が必ず予定されていなければならない。すなわち、「のダ」の特立性は、「のではない」の形で使用されるときに特に強い効力を発揮すると言ってよい。

例えば、次のような対話において、お金の紛失に対する自分の関与を全面的に否定しようとするときには、「盗んだんじゃない」と答えることはできない。

おまえあの金を盗んだだろう。——?盗んだんじゃないよ。

「盗んだんじゃない」という発言自体は可能であるが、これは、お金がなくなったことに対する自分の関与を完全に否定することにはならない。例えば、盗んだ($β$)のではなく、誰かに命じられて預かっただけだといった、代わりの命題$β'$が背後にあることを感じさせる。また、

君、この機械の使い方を知ってるか？——?いいえ、知ってるんじゃありません。

あの試験、結局受かりましたか？——?いいえ、受かったんじゃありません。

のような場合には、機械の使い方を知っていること(β)、試験に受かったこと(β)に代わるべき命題β'が普通には考えがたい。このため、「のではない」は用いがたいことになる。(ちなみに、「のダ」の部分が否定されていない「いいえ、知らないんです」「いいえ、受からなかったんです」は可能である。)

　もっとも、β'の存在が必要だとは言っても、話し手がそれを具体的に特定できないということはあり得る。

　　　わたしが盗んだんじゃありません。(別ノ人ガ盗ンダンデショウ。ソレガ誰デアルカハ知ラナイケレド。)

この場合、話し手は、自分ではなく別の人が盗んだものと考えているが、それが誰であるかを特定するだけの知識は持ち合わせていない。

　「のではない」における特立性の働きが、ほかの形での「のダ」の用法の場合に比べて特に強いことは、例えば、「のか」や「のだろう」の場合と対比してみれば明らかである。

　　　知っているのか？——?いや、知っているんじゃない。
　　　知っているんだろう？——?いや、知っているんじゃない。

上述したように、βが「知っている」である場合には、これに取って代わるべきβ'を想定しがたい。このため、どちらの対話においても、返答の否定文では「のではない」が許容されない。しかし、これとは対照的に、問いの文では「のか」や「のだろう」が可能である。つまり、「のか」や「のだろう」で終わる文は、「のではない」の形の否定文に比べて、「のダ」の特立性の働きが弱いわけである。

　このように「のダ」の特立性が「のではない」において特に強

く働くことの理由は、次のように考えることができる。すなわち、「のダ」は、一般に、ことがらαの背後にはどのような事情があるか、問題の実情はどのようであるかという問題意識のもとで用いられる。つまり、話し手がその内容を知っているかどうかは別として、ある真相が定まっているはずだとの想定がある。「βのではない」は、その真相がβではないと述べるわけであるから、当然、β以外のところに何らかの真相が存在するということになる。このことは、クイズや試験問題にたとえて考えれば、分かりやすいであろう。クイズや試験問題には、一般に、正解があるものである。さて、「その正解はβか？」と尋ねたり、「その正解はβだろう」と推量したりするときには、β以外の可能性が話し手の念頭に意識されている必要は特にない。しかし、「その正解はβではない」と否定文を用いて述べるからには、話し手が正解を知っているかどうかは別として、ともかくβ以外のところに何らかの正解があると話し手は考えていることになる。要するに、何らかの真相(正解)が一つあるはずだという状況で、ある可能性βが消されるということから、それ以外のβ'の存在が必然的に含意されるわけである。

3 βの条件

βは結局は拒絶されるものであるとは言え、一つの可能性として取り立てられるからには、少なくとも、それ自体で完結した内容を表すものでなければならない。したがって、「βのではない」という形の文が成立するためには、βは、単独でも有意味な命題を表すことのできる表現でなければならないことになる。

このため、次のような文では、「のではない」は許されない。

　深夜ともなると、人っ子一人歩いて{いない／?いるのではない}。

　びた一文貸して{くれなかった／?くれたのではない}。

　この植物は北海道でしか{見られない／?見られるのではない}。

βとなるはずの「?人っ子一人いる」「?びた一文貸してくれた」「?北海道でしか見られる」が、いずれも普通には不可能な表現である。このような場合には、「βのではない」という言い方をすることはできない。[2]

4　「のではない」と「からではない」

「のだ」「のか」「のだろう」が原因や理由を表現するときには、「からだ」「からか」「からだろう」にはない一定の制約が課せられたが、「のではない」についても同じようなことが言える。すなわち、あることがらを受けて、その原因や理由がβということではないと述べるために「βのではない」が用いられるときには、βであるということをまだ聞き手が知らないことが必要である。これに対し、「からではない」には、そのような制約はない。

例えば、

　休むんだって？——はい。でも、雨が{?降っているんじゃありませんよ／降っているからじゃありませんよ}。

において、βは、雨が降っているということである。しかし、これは話し手と同じ場所にいる聞き手も知っていることであるから、「のではない」とすることはできない。これに対し、

休むんだって?——はい。でも、{行くのがいやなんじゃあり
ませんよ/行くのがいやだからじゃありませんよ}。

におけるβは、話し手が行くのがいやだということであるが、こ
れは、聞き手に知られていないことである。(実際、話し手は、β
が事実でないことを主張している。)このため、「のではない」を
用いることに問題がない。

5 禁止の「のではない」

「のではない」には、禁止を表す用法がある。固定慣用化した
特別な用法とすべきであろう。

変なことを言うんじゃない。
最後まで気を抜くんじゃないよ。[3]

なお、「のではない」には、

なんだ、やればできるんじゃない。
新聞でも読んだら目が覚めるんじゃない?

のようなものもあるが、これは、「のではないか」(これも、「のダ」
の現れの一つである)から「か」が省略されたと見るべきもので
あり、本章で問題としてきた、否定文としての「のではない」と[4]
は無関係である。

注

1)「のではない」は、久野暲氏『新日本文法研究』(大修館書店、
1983年、125~143頁)などで取り上げられており、興味深い議論が展
開されている。ただ、「のではない」の性格を理解するには、「のでは
ない」を「のダ」の否定された形と見る視点を欠かすことができない

と思われる。

　2）一見これに反する場合がある。例えば、
　　決して盗んだのではない。
という文は、「?決して盗んだ」が不可能な表現であるにもかかわらず、これに「のではない」が加わって成立しているようにも見える。しかし、この場合のβは、「?決して盗んだ」ではなく、「盗んだ」の部分だけと見るべきである。すなわち、「決して」は、「盗んだ」ではなく、「ない」に係るものとすべきである。同様に、
　　誰一人として心からそう願っているのではない。
という文の場合にも、「?誰一人として心からそう願っている」は不可能である。しかし、ここでも、βは「心からそう願っている」の部分だけであり、「誰一人として」は「ない」のほうに係るものと考えるべきである。

　3）禁止の「のではない」には、「の」を加えて、
　　同じことを何度も言うんじゃないの。
とすることができるが、この「の」を「のだ」や「のです」で置き換えることはできない。
　　同じことを何度も{?言うんじゃないんだ／?言うんじゃないんです}。
しかし、「よ」を加えると、いずれの言い方も可能になる。
　　同じことを何度も{言うんじゃないのよ／言うんじゃないんだよ／言うんじゃないんですよ}。
「～言うんじゃないの」の「の」のこうしたふるまいは、
　　同じことを何度も言わないの。
のような禁止の言い方における「の」（第3章(注5)参照）のふるまいに共通するものである。

　4）この「(の)ではないか」は、補説Cにおいて、第一類・第二類の「ではないか」と呼んでいるものである。

第7章 「のなら」

　次に、「のなら」「のならば」という表現について考える。以下では、「のなら」と「のならば」をあわせて、「のなら」とする。また、「なら」と「ならば」をあわせて、「なら」とする[1]。

1　「のなら」の意味

　「のなら」は、「のダ」(厳密には、「のだ」と言うべきか)と「なら」が複合したものである。このため、「βのなら」は、「背後の事情がβであるなら」「実情がβであるなら」といった意味を表すことになる。

　ところが、そもそも、「なら」という言い方自体が、ある実情がどうであるかということについての仮定を表現することを中心的な用法とするものである。つまり、「実のところが〜であれば」といった意味を表すわけである。このため、「なら」がそうした意味を表すときには、「なら」と「のなら」は、結果的にほとんど同義の表現になる。例えば、次のような場合がそうである。

　　そんなに気に{入らないなら／入らないのなら}、よせばいいだろう。
　　もし真相を知って{いるなら／いるのなら}、わたしにも教えてほしい。
　　もう始めて{いるなら／いるのなら}まだしも、これからと言うのでは間に合うわけがない。

そのとき現場に{いたならば／いたのならば}、太郎は事件を目撃しているはずだ。

このような例では、「実のところが、気に入らないのであれば」「実のところが、現場にいたのであれば」といった仮定が行われている。

以下では、こうした「なら」の用法を、「実情仮定」と呼ぶことにする。この用法においては、「なら」と「のなら」は、かなり自由に互いに置き換え得る関係にある。[2]

2　状況設定の「なら」の場合

それでは、「なら」と「のなら」は完全に同義であるかと言うと、そうではない。「のなら」においても、「のダ」はその働きを失っているわけではない。ただ、実情仮定の「なら」においては「のダ」を伴うかどうかによる意味の相違が小さいので、これについては次節で考えることにし、ここでは、まず、「なら」の別の用法について考える。

次のような例を考えてみよう。ここでは、「なら」は可能であるが、「のなら」とするのはほとんど不可能である。

道に{迷ったなら／?迷ったのなら}、誰かに尋ねなさい。
来月の末までに通知が{来ないなら／?来ないのなら}、それは不採用ということだ。
今後一週間雨が{降らなかったなら／?降らなかったのなら}、水不足が深刻になる。
この機会を{逃すならば／?逃すのならば}、もう死ぬまでハレー彗星は見られない。

ただ、こうした「なら」の用い方はせず、「～たら」などを用いて表現したほうがよいとする話し手も多いようである。しかし、そのような話し手でも、こうした用法を不可能とは感じないであろうし、現実にも、この種の用例は各所に散見されるものである。また、通時的に見ても、古くから行われている語法であることが知られている。[3]

　さて、上に挙げたような文は、ある事態が実現した状況をかりに想定して、その状況のもとでのことがらを表現しているのであって、実のところが現にどうであるかを問題にしているのではない。すなわち、「道に迷うという事態が生じた場合には」「この機会を逃すという事態が生じる場合には」といった仮定を表しているのであって、「実のところが、道に迷ったのであれば」「実のところが、この機会を逃すのであれば」といった仮定を表してはいない。上の例は、いずれも未来のことがらについての仮定を表現するものであるが、

　　地軸が傾いて{いなかったなら／?いなかったのなら}、季節というものは存在しない。
　　あのとき回りの誰かの支えが{あったならば／?あったのならば}、太郎も挫折せずにすんだかも知れない。

のように、現在や過去においてある事態が成立した状況を（現実に反する形で）仮定することも可能である。

　以上のような例における「なら」の用法を、「状況設定」と呼ぶことにしよう。状況設定の「なら」は、「～したら」「～した場合には」などの言い方で置き換えても、文の意味はあまり変化しない。

道に迷ったら、誰かに尋ねなさい。
来月の末までに通知が来なかったら、それは不採用ということだ。
今後一週間雨が降らなかったら、水不足が深刻になる。
この機会を逃したら、もう死ぬまでハレー彗星は見られない。
地軸が傾いていなかったら、季節というものは存在しない。
あのとき回りの誰かの支えがあったら、太郎も挫折せずにすんだかも知れない。

もっとも、実情仮定の「なら」と状況設定の「なら」は、常に厳密に区別できるわけではなく、連続的なものではあろう。特に、「地軸が〜」や「あのとき〜」の例のように現在や過去のことがらを仮定する場合には、「実のところが、(かりに)地軸が傾いていなかったのであれば」のようにも、「(かりに)地軸が傾いていなかった場合には」のようにも考えることができる。

状況設定の「なら」が未来の事態を設定するのに用いられるときには、「スルなら」としても「シタなら」としても文の意味はほとんど変化しないことが多い。特に、状態性の述語の場合にその傾向が強いようである。

来月の末までに通知が{来ないなら/来なかったなら}、それは不採用ということだ。
今後一週間雨が{降らないなら/降らなかったなら}、水不足が深刻になる。
この機会を{逃すならば/逃したならば}、もう死ぬまでハレー彗星は見られない。

「のダ」には直接関わらないことであるが、ここで、状況設定の

「スルなら」と「シタなら」の意味の相違について述べておく。この相違は微妙であるが、割り切った見方をすれば、次のように言うことができよう。すなわち、「シタなら」を含む文では、問題の事態がすでに実現した状況の中で話題が展開する。これに対し、「スルなら」を含む文では、ある事態が実現するものであれば、どういうことが言えるかということが、現在の立場から表現される。この意味で、「スルなら」の「なら」は、実情仮定の「なら」に近い位置にあるものと言える。「シタなら」を含む「来月の末までに通知が来なかったなら」においては、来月の末の時点から過去を振り返って、通知が来なかったという状況が設定されるのに対し、「スルなら」を含む「来月の末までに通知が来ないなら」においては、現在の時点から将来を見やって、通知が来ないという状況が設定されるわけである。

　さて、話を本題に戻そう。状況設定の「なら」において「のダ」が用いられないのは、次のような理由によるものと考えられる。すなわち、状況設定の「なら」では、仮定されたことがらが現実に事実であるかどうかということについての関心は薄い。これは、実情仮定の「なら」が「実のところが～であれば」といった意味を表し、現実との一致・不一致を問題とするのと対照的である。ところで、「のダ」は、何かの背後にある事情、すでに定った実情を表現するものであった。このため、「のダ」が仮定表現において用いられるときには、背後の事情なり実情がどうであるか、つまり、現実がどうであるかについての仮定を表すことになる。このことから、「のダ」の表す意味は、実情仮定の「なら」の表す意味に矛盾しないどころか、一致することになるが、一方、事実性に

ついての関心の稀薄な状況設定の「なら」の表す意味とは相容れないものとなる。「のダ」と状況設定の「なら」が組み合わせられないのは、そうした事情によるものと思われる。

　ことによると、「のダ」が状況設定の「なら」と組み合わせられないのは、実現するかどうか未定のことがらが状況として設定されているためではないかと考えられるかも知れない。しかし、そうではない。と言うのも、

　　お帰りに{なったなら／?なったのなら}、ご家族の皆様によろ
　　しくお伝えください。

という文では、「もしも」「かりに」などの表現を加えることができないことからも明らかなように、実現すると定まっていることがらの表現に「なら」が付いているが、やはり「のなら」が不可能だからである。

　最後に、次のような例を挙げておく。ここでも、「なら」を「のなら」とすることはできない。

　　事情を知らない人の目から{見るなら／?見るのなら}、さぞ奇
　　異な感じがするだろう。

　　彼らの惨状と{比較したならば／?比較したのならば}、われわ
　　れはまだ恵まれているほうだ。

こうした場合には、状況設定の「なら」のこれまでに見てきた例とは異なり、「なら」の前後に表現されている二つのことがらは、単純な時間的な継起の関係にはない。しかし、ある条件を設定して、その条件のもとでのことがらを表現しているという意味では、これまでの状況設定の「なら」の用法に共通するものである。「のなら」が許されない理由も、上述のように理解し得るものと思わ

れる。ここでも、
> 事情を知らない人の目から{見るなら／見たなら}、さぞ奇異な感じがするだろう。
> 彼らの惨状と{比較するならば／比較したならば}、われわれはまだ恵まれているほうだ。

に見るように、「スルなら」と「シタなら」のあいだの違いは小さく、また、
> 事情を知らない人の目から見たらさぞ奇異な感じがするだろう。
> 彼らの惨状と比較したらわれわれはまだ恵まれているほうだ。

のように、「～したら」などの言い方で置き換えても文の意味はあまり変化しない。

3 実情仮定の「なら」の場合

次に、実情仮定の「なら」の場合について考える。1節で示した例を再び掲げる。
> そんなに気に{入らないなら／入らないのなら}、よせばいいだろう。
> もし真相を知って{いるなら／いるのなら}、わたしにも教えてほしい。
> もう始めて{いるなら／いるのなら}まだしも、これからと言うのでは間に合うわけがない。
> そのとき現場に{いたならば／いたのならば}、太郎は事件を目撃しているはずだ。

実情仮定の「なら」においては、状況設定の「なら」の場合の

ように、「スルなら」と「シタなら」とが似通った意味を表すということはない。両者は、仮定された事態が過去のことがらであるかどうかに基づいて明確に使い分けられる。例を示すまでもないかとも思われるが、

　(今)空が{曇っているなら／?曇っていたなら}、傘を持って行こう。
　昨夜のうちに雨が{?降るなら／降ったなら}、朝顔も元気になっているだろう。

に見る通りである。

　さて、実情仮定の「なら」の意味は、状況設定の「なら」とは異なり、「のダ」の性格に矛盾しない。矛盾しないどころか、一致するものである。このため、1節で述べたように、ここでは、「なら」と「のなら」の意味がきわめて近い関係にあることになる。
　とは言っても、「なら」と「のなら」とで全く差がないわけではない。例えば、次のような文について考えてみよう。

　{帰りたいなら／帰りたいのなら}、帰ってもいいよ。
　何か言いたいことが{あるなら／あるのなら}、言いなさい。

ここでは、「なら」も「のなら」も可能である。しかし、「のなら」は、帰りたそうにしたり、何かを言いたそうにしていたりしている相手の様子を受けて発言する場合に特に用いられやすいであろう。「なら」は、そのような場合にも用いられるであろうが、むしろ、文脈や状況に基づく見込みのない、言わば白紙の状態での仮定を表現するときに用いられやすいであろう。

　同様に、

　そんなに気に{入らないなら／入らないのなら}、よせばいい

だろう。

　楽器の練習を{するなら／するのなら}、どこかよそでやってくれ。

などでも、「なら」も「のなら」も可能ではあるが、相手の不服そうな様子を目前にしての発言、相手が楽器の練習を始めようとしているのに接しての発言であれば、どちらかと言えば、「のなら」が選ばれやすいように思われる。これとは逆に、

　今や、音楽を{聞くなら／聞くのなら}、コンパクトディスクに限る。

　マリンスポーツを{始めるなら／始めるのなら}、今がチャンス。

のように、具体的な状況を受けることなく一般論として述べるときには、「のダ」を伴わない「なら」のほうが選ばれやすいであろう。

　また、次のような場合には、「なら」はかなり不自然であり、「のなら」とする必要がある。

　管理にそうした手落ちがあったために今回の災害が{?起きたならば／起きたのならば}、府や市の責任は重大だ。

災害が起きたということは文脈上すでに分かっている状況で、その原因についての仮定を表しているために、「のダ」が必要とされるものと言える。

　実情仮定の「なら」においては、「なら」と「のなら」の表す意味はきわめて近いが、以上のような使い分けの傾向が認められると言ってよい。

4 「のであれば」「のだったら」

なお、意味上「なら」に関連した表現として、「ば」や「たら」がある。これらが、「のダ」に続くときには、「のであれば」「のだったら」などとなり、実情仮定の「なら」に準じる意味を表現すると言ってよい。

ただ、ル形とタ形の対立を持つ次元の述語に接続する「なら」では、「のダ」の有無による対立として、「行くなら」対「行くのなら」、「行ったなら」対「行ったのなら」といった表現の対を体系的に考えることができるのに対し、ル形とタ形の対立を持たない次元において用いられる「ば」「たら」においては、そうした対を同じように考えることはできない。

注
1)「なら」が接続し得る表現に関して、田村すゞ子氏は、「言語分析における職能の取り上げ方——『だろう』『でしょう』を中心として——」(『講座日本語教育』第7分冊、早稲田大学語学教育研究所、1971年)において、次のような制約を認めておられる。すなわち、「本なら」「赤いなら」「行くなら」は可能であるのに対し、「本だったなら」「赤かったなら」「行ったなら」のように「なら」がタ形の述語に接続することは不可能であるとされるのである。同様の記述は、Haruo Aoki *et al. Basic Structures in Japanese*(Taishukan Publishing Company, 1984, p.388)にも見られる。

しかし、筆者の語感からしても、また、現実の用例に照らしても、タ形の述語に「なら」が続くことに原理的な制約があるとは考えられない。本章での分析は、そうした制約を感じない筆者の判断に基づい

ている。

　特に、1節と3節で述べる実情仮定の「なら」の場合には、「シタなら」という言い方はごく一般的である。これに対し、2節で述べる状況設定の「なら」の場合には、確かに、「シタなら」という形での用例は相対的に少ない。しかし、それにしても、例外的と言えるほど稀な用法であるわけではない。

　2）「なら」と「のなら」は、ほとんどの文献において、意味的に全く区別することなく扱われている。林四郎氏『基本文型の研究』（明治図書出版、1960年、97頁）や、言語学研究会・構文論グループ「条件づけを表現するつきそい・あわせ文（三）——その3・条件的なつきそい・あわせ文——」（『教育国語』第83号、1985年）においては、「なら」と「のなら」は同義であると明言されている。

　3）小林賢次氏「条件表現形式としての『なら』『たら』の由来」（『国文学言語と文芸』第54号、1967年）や蜂谷清人氏「狂言古本における仮定条件表現——『ならば』と『たらば』とその周辺——」（『成蹊国文』第10号、1977年）によると、ここで問題としているような「シタなら」の用法は、古くは室町時代末のキリシタン資料に姿を現し、江戸後期に多用されるに至ったものだということである。

第8章 「のだから」

「のだから」が、「のダ」(厳密には、「のだ」と言うべきであろう)と「から」の複合してできた表現であることには疑問の余地がない。

このため、「のだ」を加えることのできない表現には、「のだから」が付くこともない。例えば、

あっ、雨が{降り始めた／?降り始めたんだ}よ。

じゃあ、わたしが洗濯して{あげる／?あげるんだ}わ。

は、それぞれ、突発的な事態の認識を述べる文、話し手の意志を意志決定の時点で表明する文であり、「のだ」が不可能である。こうした場合には、「のだから」を用いることもできない。

あっ、雨が{降り始めたから／?降り始めたんだから}、急ごう。

あら、また汚しちゃって。洗濯して{あげるから／?あげるんだから}、早く脱ぎなさい。

逆に、「のだ」が必要とされる表現の場合には、「から」ではなく「のだから」によらなければならない。例えば、

人間は生きるために生まれて{?くる／くるんだ}よ。

は、人間が生まれてくることは前提として、その目的を述べることを主眼とするものであるため、「のだ」が必要とされる。こうした場合には、

人間は生きるために生まれて{?くるから／くるんだから}、自

殺してはいけない。
のように、「から」ではなく、「のだから」としなければならない。

1　「のだから」の意味

　このように、「のだから」が、「のダ」(ないし、「のだ」)と「から」の複合したものであることは明らかである。けれども、その用法に関しては、補足して述べておかなければならない重要なことがある。それは、「PのだからQ」という表現は、「Pのだ。だからQ」という、二文による表現に比べて、用法の範囲が限られているということである。

　先に、第3章(8節)において、

　　時間がないんだ。(ダカラ)急いでくれ。

という二文の連続が二通りの解釈を許すことを述べた。すなわち、一方では、時間がないことを告げたうえで、急ぐことを要請しているものとも取れるが、他方では、時間がないことを十分な根拠として、急ぐことを聞き手に強く要求しているものと取ることも可能であった。

　これとは対照的に、

　　時間がないんだから急いでくれ。

のように「のだから」を含む文においては、時間がないことを十分な根拠として急ぐことを強く要求しているとする、第二の解釈しかできない。

　結論を先に述べるならば、「PのだからQ」という表現は、前件Pをすでに疑念の余地なく定まったことがらとして提示し、それを十分な根拠として後件Qを発言するものだと言ってよさそうで

ある。「PのだからQ」は、「Pである以上、当然、Q」「Pであるからには、当然、Q」といった意味を表すと言ってよい。(ただ、残念ながら、「のだから」がこのような意味を表す理由は不明である。)

　ちなみに、このように「PのだからQ」の用法が「Pのだ。だからQ」の用法よりも限られていることを理解していないためと思われる日本語学習者の誤用をよく耳にする。日本語に習熟し、「のだ」や「のか」をかなり自然に使いこなす学習者でも、次のような誤りを犯す。

　　お出かけですか？──はい。?風邪を引いたんですから、病院に行くんです。
　　日本は寒いでしょう。──ええ、寒いです。?でも、フランスに住んでいたことがあるんですから、平気です。

「のダ」と「から」を用いても、「のだから」によらず、次のように二文に分けて表現すれば問題のない表現になることに注意されたい。

　　風邪を引いたんです。ですから、病院に行くんです。
　　フランスに住んでいたことがあるんです。ですから、平気です。

　以下、「のだから」の意味や用法について、「のダ」を伴わない「から」との対比において、さらに詳しく見ていこう。なお、ここで述べることは、「Pのだ。(だから)Q」の第二の用法(すなわち、Pを十分な根拠として、Qを発言する用法)にもそのまま当てはまる。

2　前件の性格

　まず、「PのだからQ」の前件Pは、疑念の余地なく定まったものとして提示されるということから、聞き手がすでに知っていることがらであることが多い。

　　せっかくここまで{？来ましたから／来たんですから}、見て行きましょうか。
　　{？女性だから／女性なんだから}女性にしかできないおしゃれを楽しみましょう。
　　もう{？小学生だから／小学生なんだから}、それくらいのことは自分でしなさい。
　　あなたなりに{？努力したから／努力したんだから}、そう言えば？
　　君がそう{？言うから／言うんだから}、間違いはあるまい。

こうした例におけるPは、いずれも、聞き手に関わっていることがらであり、しかも、聞き手がすでに知っているはずのことがらである。こうした場合には、上に示したように、「のダ」を伴わない「から」は用いられない。

　逆に、聞き手の知らないことがらPをまず伝え、そのうえでQを述べるという場合には、「のだから」は適しない。

　　わたしもしたくが{できましたから／？できたんですから}、行きましょうか。
　　あすは早朝会議が{あるから／？あるんだから}、早めに来てくれ。
　　今までにもやったことが{ありますから／？あるんですから}、

大丈夫です。
　あの子ももう{高校受験だから/？高校受験なんだから}、今は試験勉強で大変です。

　もっとも、「PのだからQ」のPが、聞き手にとって未知のことがらであり得ないわけではない。

　彼、日本語{ペラペラですから/ペラペラなんですから}、心配はいりません。
　その犬は{病気ですから/病気なんですから}、気を付けたほうがいいですよ。
　その上寝坊と{きてるから/きてるんだから}、全くあてになりません。

しかし、聞き手にしてみれば、自分の知らないことがらを既定のものとして提示されるわけである。自分は知らないのに、知っていて当然だと言わんばかりの調子でPを与えられるというところから、こうした話し方は、話し手の優越を感じさせる結果にもなり得る。特に、後続するQが、聞き手にとって有益とも言えないことを命令したり要求したりする表現である場合には、5節で述べる事情との相乗効果により、配慮を欠く一方的な話し方として受け止められやすい。

　その仕事はわたしがするんだから、君はしてくれなくてもいい。
　大切なお話があるんだから、あっちに行ってなさい。
　この化粧品使ってもいい？——それ高かったんだから、ちょっとにしてよ。

丁重な話し方が必要とされる状況では、「のだから」のこうした用

法は避けられるものと思われる。

　　その仕事はわたしが{しますから／?するんですから}、先生は
　　してくださらなくても結構です。

「PのだからQ」のPは聞き手がすでに知っていることがらである場合が多いということから、「から」と「のだから」がいずれも可能な場合でも、その選択に応じて文意に相違が生じることになる。例えば、

　　先方が君をと言って{いるから／いるんだから}、君が行きな
　　さい。

を比較してみると、「いるから」では、先方の希望を聞き手はここで初めて知らされるという印象が強いのに対し、「いるんだから」では、どちらかと言えば、それが聞き手にもすでに知られているという印象がある。次の例も同様である。

　　三日も続けて{降ったから／降ったんだから}、もう降らない
　　だろう。

三日間の降雨をともに体験した聞き手に向かって話すのであれば、「降ったから」とするのは不自然で、「降ったんだから」とするのが適切であろう。しかし、降雨のことを知らない聞き手の場合には、「降ったから」が問題なく使用できるであろう。また、

　　{糖尿病ですから／糖尿病なんですから}、甘いものはいけま
　　せん。

においても、「糖尿病ですから」では、聞き手はここで病名を告げられるという印象が強いが、「糖尿病なんですから」では、糖尿病であることは聞き手もすでに了解ずみのこととして扱われているような印象がある。

3 後件の種類

　次に、「PのだからQ」の後件Qについて言えば、これは、単に知識を表明したり報告したりするものではないことが多い。話し手が知っている知識を表明するのであれば、「Pである以上、当然、Q」というようにPとQのつながりの必然性をことさら強調して述べる必要はなく、Qということを述べさえすればよいからであろう。例えば、次のような文では、「のだから」は不適当である。

　　?忙しかったんだから、連絡が取れませんでした。
　　旅行はいかがでした？——?急用ができたんだから、旅行には行きませんでした。

　こうした例において「のだから」が用いられるとすれば、それは、

　　忙しかったんだから、連絡が取れなかったのは当然だ

のような文と同じ気持ちでの発言に限られるであろう。つまり、相手の知らないことがらPをまず伝え、そのうえで、「だから、Q」と表現しているのではなく、Pである以上、Qであるのは当然だといった含みのある場合である。次のような例においても、表現の形だけからすると、Qは事実を述べるだけのもののようであるが、実は、そうした含みを持っている。

　　ステンレスなんだから、錆びることはありません。
　　京都は古い都なんだから、お寺や神社がたくさんあります。
　　一つの部屋に一家で住んでいるんだから、何かと大変だった。

　これに対して、多くの場合には、「PのだからQ」のQは、次の

ような種類のものである。まず、Qが、話し手の判断や評価の表現である場合がある。

　いまだにこの調子なんだから、うまく行くわけがない。
　どうせ使わないんだから、買わなければよかった。
　でも、援助してくれる人がいるんだから、あなたは幸せですよ。

また、Qが、話し手の意志などの表現である場合がある。

　返事もよこさないんだから、あいつとはもう絶交だ。
　これが最後のチャンスなんだから、がんばるぞ。

さらに、

　あなたが言い出したんだから自分で責任を取りなさい。
　せっかく来たんだから、お茶でも飲んで行けよ。

のように、Qが命令や依頼の表現である場合や、

　女性なんだから女性にしかできないおしゃれを楽しみましょう。
　あなたもそれなりに努力したんだから、そう言えば？

のように、勧誘や提案の表現である場合がある。

4　発言の主眼

　「PのだからQ」は、前件Pをすでに定まったことがらとして提示し、それを十分な根拠として後件Qを発言するものであった。Pは、言わば、Qを発言するための土台として働くわけである。「PのだからQ」においては、発言の主眼はQのほうにあるのであって、Pということ自体や「Pであるから」ということが発言の主眼になることはあり得ない。

このため、例えば、あることがらQを前提として、その原因や理由Pを問題とする場合には、「のだから」は用いられない。

　　気を付けて{いないから／?いないんだから}けがをするんだ。
　　おまえがよけいなことを{言うから／?言うんだから}失敗したんだ。

けがをしたこと、失敗したことは文脈上前提とされており、その原因や理由が何であるかが問題とされている。

　次のような場合も同様である。

　　どうして昼間は星が見えないの？——空が{明るいから／?明るいんだから}だよ。
　　どうして参加しないんですか？お酒が{飲めないから／?飲めないんだから}ですか？

ここでも、昼間は星が見えないこと、相手が参加しないことは文脈上前提とされており、その原因や理由のほうが問題とされている。一般に、「～のだからだ」「～のだからか」「～のだからだろう」「～のだからではない」といった表現は用いられないと言ってよかろう。[1]

　次のような場合にも、「のだから」とすることはできない。

　　回路の故障が原因で過熱したんですか？——いいえ、{過熱したから／?過熱したんだから}回路が故障したんです。

ここでは、PもQも前提とされてはおらず、その因果関係の方向だけが問題とされている。しかし、PがQを発言することの土台として働いていないという点においては先に挙げた例と変わるところがなく、やはり、「のだから」は許されない。

　なお、「PのだからQ」においては、次の例のように、「Q」を

先に述べて、「Pのだから」を後から付け加えるという順序になっていることがよくある。

　笑わないでください、こっちは深刻なんだから。
　そりゃあそう言うでしょう、親なんだから。
　邪魔しないほうがいいですよ、気が立っているんだから。

発話の主眼であるQのほうを先に表現しようとするからこそ、こうした倒置の現象が生じやすいものと言えよう。

5　後件が命令などのときの含み

すでに述べたように、「PのだからQ」のQが命令や要求などの表現である場合には、話し手の一方的な姿勢を感じさせることがある。

　例えば、
　　時間が{ないから／ないんだから}、急いでくれ。
という例について考えてみると、「時間がないから～」では、急ぐことがただ要請されているのに対し、「時間がないんだから～」とすると、単なる要請であるにとどまらず、有無を言わせず聞き手をせき立てる調子になる。また、
　　お金があまりないのですから、無駄遣いをしないでください。
という文も、丁寧な依頼の言い方ではなく、強い口調、強硬な姿勢での要請という印象が強い。

　このように、話し手の一方的な姿勢が含みとして出てくる理由は、次のように考えられる。「PのだからQ」は、「Pである以上、当然、Q」というような意味を表すため、Qが命令や要求などである場合には、「～して当然だ」という意味を表すことになる。こ

のとき、Qが、聞き手に利益をもたらすようなことがらであれば問題はない。しかし、Qが聞き手にとって何のためにもならないことがらである場合、当然のこととしてQを実現するように求められることは、聞き手にしてみれば一方的な強制でしかあり得ない。問題の含みは、そうしたところに生じるものと考えられる。

このように、問題の含みは、Qが聞き手にとって無益なことがらである場合に生じるのであって、

　　予算は十分あるのですから、自由に使ってください。
　　仕事で疲れているのですから、休んでいてください。

のように、Qが聞き手にとって有益なことがらである場合には、むしろ、聞き手に対する話し手の配慮が表現されることになる。

6　後件の省略

「から」には、そこで文を終止し、それ以上の内容の伝達は暗示に頼る言い方がある。「のだから」でも同様の言い方が可能であるが、特に「のだから」の場合には、後ろに評価や命令などが意図されていると理解されることが多い。このことは、3節で述べた、「PのだからQ」の後件Qの種類に対する制約によるものと考えることができる。

　　おまえはすぐ調子に乗るんだから（困ッタ子ダ）。
　　まったく、そんなことも知らないんだから（頼リナイナア）。
　　人に漏らしたらただじゃおかないんだから（シャベッチャダメヨ）。
　　だめだめ。あの人の言うことはあてにならないんだから（気ヲ付ケナサイヨ）。

このように、否定的な評価、禁止、警告などが暗示されていることが多いが、そうしたものに限られているわけではない。

　そりゃもう、おいしいんだから（アナタモ食ベタラ驚クワヨ）。

　そのうえ作曲まで自分でするんですからね（大シタ才能ノ持チ主デスヨ）。

7　「のだし」「のだもの」

　意味上「から」に近い表現として、「し」「もの」があるが、やはり、「のダ」が加わって「のだし」「のだもの」となる。いずれも、「のだから」と同じように、「～である以上、当然、～」といった意味を表す。

　みんなも待ってるんだし、早く行ってあげなさいよ。

　飲めもしないお酒を飲むんだもの（頭モ痛クナルワヨ）。

注

1）次に示すような用例が観察されるから、「のだからだ」という言い方が全く不可能であるとは言い切れない。

　　このような疑似条件文の存在から、疑似条件文の前件は、後件の発言を正当化する機能をもつと考える言語学者がいる。この考えに関しては、ことさら反対する理由はない。というのは、限定表現はすべてこの機能をもつのだからである。

　　　　　　　　　　　　（坂原茂『日常言語の推論』）

つぎのようなものは、「すでに」をつけられない。なぜなら、それがそれ以前のことであるということは強調されておらず、現在以前におこったそれは、そういうものであったということを

のべているのだからである。
　　　　　(国立国語研究所『現代日本語動詞のアスペクトとテンス』)
車輪はいまではまるまる一回転してしまっている。何となれば、後に見るように、ブルームフィールドの記述主義(これは特異にアメリカ的なかたちの構造主義とみなしてよい)は、チョムスキーの生成主義が生まれて反撥した環境を提供したのだからである。　　　(ジョン・ライアンズ(近藤達夫訳)『言語と言語学』)
　しかし、こうした用例は稀であり、筆者の語感からしても自然な語法ではない。憶測するに、「のだからだ」という言い方は、次のような過程を経て形式されるのではなかろうか。すなわち、Qということをすでに述べた状況で、その根拠を追加的に述べようとして、「PのだからQ」と表現することを意図する。そして、この意図に基づいて「Pのだから」と述べ始めるのだが、Qは先行文脈に表現されているから、あらためて表現しなくてもよいということになる。この段階で表現を終えてしまうと、次のような倒置的な表現になる。
　　白鳳さながらの金堂復興、これは単に薬師寺の喜びのみにとどまらず、昭和の日本人全体の喜びであると自負させていただいております。何となれば、御代の栄えと相俟って、昭和に生きた私たち日本人の浄らかな心の結晶を、白鳳時代の姿を再現した金堂という形で、私たちの子孫に伝え残すことができたのですから。　　　　　　　　　　　　　(高田好胤『己に克つ』)
　はじめは、そんな会合に出てくることじたい、夫やしゅうとめの顔色ばかり見ていた女たちには大へんなことであった。当然である。農村の女たちには「自我」の発現は一切なく、もの言わず考えずただただはたらくだけの暮らししか許されていなかったものを、「そういう暮らしでは誰もしあわせになりません」と宣言し、「それはおかしゅうございます」とたてつくことになるのだから。　　　　　　　　　　(寿岳章子『日本語と女』)

けれども自分は、そんな事より、死んだツネ子が恋しく、めそめそ泣いてばかりいました。本当に、いままでのひとの中で、あの貧乏くさいツネ子だけを、すきだったのですから。

(太宰治『人間失格』)

このような事件が起こったとあっては、夫人を亡くした布施金次郎と娘たちは、もはや軽井沢での避暑生活に舞い戻ってくることはないだろう。そうぼくは思っていた。少なくともことしは、この忌わしい別荘に寄りつきたくないと考えて当然だという気がしたのである。それでなくとも、初七日、三十五日、四十九日などの法要を、とどこおりなく終えなければならず、かりに喪が明けてから軽井沢にやって来ても、もうそのときは九月も終わりに近く、東京でも暑さを避けなければならない季節は終わっているのだから。

(宮本輝『避暑地の猫』)

しかし、これでは、独立した文として中途半端であるという印象を禁じ得ない。そこで、文を完結させるべく、「だ」を加える。このようにして生じてくるのが、「のだからだ」という言い方ではないかと憶測される。

第9章 「のだった」

　最後に、「のだった」という言い方について考える。「のだった」は、「のだ」に比べると、その用法がかなり限定されているかのようである。そして、表面的に見ていると、「のだ」と「のだった」の隔たりばかりが感じられ、両者の共通性はそのかげに隠れてしまいがちである。ここでは、「のだった」について、そこに含まれる「のダ」と「た」のそれぞれの性格を見失うことのないよう留意しつつ、その用法を検討する。

　「のだった」の用法は、そこに含まれる「た」の働きの相違に基づいて、二通りのものに大別して考えることができる。一方の「のだった」における「た」は、命題が過去において成立したことを表すと言ってよいのに対し、他方の「のだった」の「た」は、過去ということに無縁ではないにせよ、命題が過去において成立したことを表すものとは言うことができない。以下では、この区別に従って記述を行うことにする。前者の「のだった」は、一定の種類の書きことばにおいてしか現れないのに対し、後者の「のだった」は、話しことばにおいても自由に用いられるという相違がある。

1　表現の視点の特殊性

　まず、「た」が命題の過去性を表す場合の「のだった」について考える。「βのだった」は、あることがらαを受け、それはβとい

うことであった、その背後の事情はβということであったと述べるのに用いられる。

「のだ」の場合と同じように、αに対するβの意味的な関係としては、種々のものが可能である。まず、βがαの原因や理由となっている例としては、次のようなものが挙げられる。

燎平は金子と顔を見合わせて、照れ臭そうに頭をかいた。プレゼントのことなど、きれいに忘れていたのだった。

(宮本輝『青が散る』)

燎平は何かを言い返そうとして、口をひらきかけたが、貝谷のいやに熱っぽい目を見たとき、反論する気持を失ってそのまま真っ青な空をあおいだ。反論しようと思えば、いくらでもその余地がある貝谷の言い分に、燎平はそれなりの、ある真実を感じたのだった。　　　　　　　　　　　　　(同上)

燎平はその夜、いつまでも寝つけなかった。(中略)二時が過ぎても、三時になっても、燎平は眠れなかった。氏家や端山や、ガリバーや大沢勘太や、高末や神崎の顔がちらついて仕方ないのだった。　　　　　　　　　　　　　　　　(同上)

しかし、「のだ」の場合と同様、「のだった」が表現するのは、あることがらの原因や理由には限らない。ここでは、次の数例を挙げるにとどめる。

ポンクは大きくジャンプして、右コートの隅にボールを決めた。そしてネットのところに立って、ほくそ笑むように燎平に薄い笑みを投げて来た。そんなに甘くみるなよと、ポンクは表情で物を言っているのだった。　　　　　(同上)

彼はいっときも早く、その場から逃げていきたかった。二、

三球のラリーのあと、彼はわざと転んだ。足首をねんざしたふりをして、あっさり棄権してしまったのだった。（同上）
　港では客船や貨物船が灯を点して浮かんでいた。どれも動いているものはなく、街のネオンだけが雑然と輝いていたが、金子の言うように、海には一枚の鈍い光がたちこめて静まりかえっているのだった。　　　　　　　　　　　　　　（同上）

また、具体的なことがらαを受けているとは言いがたい場合もある。過去において定まっていた実情はこうであったと述べているものと言えよう。現場の状況はこのようであったと描写している用例も多い。

　慌てても、焦っても、マッチポイントは近づいてこなかった。取ったり取られたりしながら、たんたんと積み重ねるしかないのだった。営々と、近づいていくしかないのだった。
　　　　　　　　　　　　　　　　　　　　　　　　（同上）
　呂律が廻らなくなるくらい酔ったのは初めての経験だった。見ると、金子は赤い顔で傍らのホステスと話し込み、貝谷は目をとろんとさせてしきりに煙草をふかしている。安斎は安斎で、ソファに崩れ込むように凭れて、何やら鼻歌を歌っているのだった。　　　　　　　　　　　　　　　　（同上）
　大山崎から御座に向かって伸びる半島の一角が、荒々しい熊野灘の黒潮をさえぎって、英虞湾の中は、そこだけ美しい沼みたいに静まっているのだった。　　　　　　　　（同上）

　さて、以上のような「のだった」は、普通、書きことば、それも、小説や昔話の地の文、紀行文、回顧録などの限られた種類の書きことばにおいてしか現れない。この種の「のだった」が話し

ことばに用いられることがあるとしても、それは、通常の対話ではなく、書きことばを模したとでも言うべき、物語り調、朗読調の話しことばに限られる。いずれにせよ、常に「のだった」「のであった」「のでした」などの形で用いられ、「の」が「ん」に変わることはまずない。

　なぜ、「のだった」は、このように一定の種類の書きことばでしか用いられないのであろうか。これを的確に説明することは難しいが、強いて解釈を求めるならば、次のようになろう。すなわち、普通の状況では、あることがらの背後にはどのような事情があるか、問題の実情はどうかという問題意識のもとで、現在の話し手(書き手)の視点から、それはこういうことで「ある」と述べられる。このような場合には、過去のことがらが問題とされていても、「のだった」ではなく、「のだ」になる。

　　太郎は返答を躊躇した。太郎には相手の真意が理解できなかったのだ。

これに対し、「のだった」の用いられる文脈においては、言わば、表現の視点は、話し手(書き手)自身の現在にではなく、話題にのぼっていることがらの起こっている過去の場面の中にある。そして、背後の事情、実情はこういうことで「あった」と述べられる。

　　太郎は返答を躊躇した。太郎には相手の真意が理解できない
　　(理解できなかった)のだった。

表現の視点が表現者の現在を離脱し、話題の状況の中に置かれているわけである。この結果、「のだった」においては、過去において自分が体験したり見聞したりしたことがらを回想しつつ述べているような表現効果や、過去の事態の展開をその場面にいた全知

の傍観者の立場から描写しているかのような表現効果が生じる。「のだった」が一定の種類の書きことばでしか用いられないことの原因は、こうした視点の特殊性に求められるものと思われる。[1]

　このように見てくると、「のだった」は、きわめて広く用いられる「のだ」とは全く異質なものであるかのようである。しかし、実際には、次のように考えるのが適当であろう。すなわち、「のだ」においても、書きことばにおいては、「のだった」と同じように、特殊な視点からの表現に用いられることはある。しかし、「のだ」の場合は、それに加えて、通常の視点からの表現も可能であり、しかも、その用法がきわめて多様である。このため、そのかげに隠れる形になって、特殊な視点からの用法には注意が向けられにくい。これに対し、「のだった」では、その用法が特殊な視点からの表現に限られているため、当然、着目されやすいことになるわけである。特殊な視点からの表現に用いられた「のだ」の用例として、次の一例を挙げておこう。

　　授業が始まっても、燎平は学生食堂に坐り込んでいた。テーブルに凭れ、両足を別の椅子に投げ出して、飲みたくもないコーラを、ゆっくりゆっくり口に含んでいった。大きな心になることも、押しの一手で突き進むことも、どちらも自分には出来そうになかったのである。　　（宮本輝『青が散る』）

表現の視点は、話し手(書き手)自身の現在にではなく、そこを離れて、全知の傍観者ないし燎平の立場にある。燎平がゆっくりとコーラを飲んでいたことの理由は、燎平にしか確実に知り得ないことであるから、通常の話し方であれば、燎平でない話し手(書き手)が「のだ」を用いてこのように確言することは不可能なはずで

ある。

「のだった」の視点の問題は、「らしかった」「からだった」などを始めとして「〜た」の形をした表現一般に共通するものであり、ひいては、いわゆる平叙文一般に関わってくる問題であろうと思われる。広い見地からの検討が望まれるところである。

2　反復や習慣の含み

「のだった」は、反復的なことがらや習慣的なことがらを述べるときにしばしば用いられる。例えば、次のような文がその例である。

　　おとうさんつばめは、あちこちを飛びまわってえさを見つけて来て、ひなに与えるのでした。
　　シロは、三郎が口笛を吹くと、振り返って、一目散にかけて来るのでした。
　　フクは、みゆきのことを「お嬢さん」と呼ぶのだった。

こうした例において、「のだった」を用いず、文末を「〜与えました」「〜かけて来ました」「〜呼んだ」のように変えると、一回的なことがらを表すものと解しやすい文になってしまう。

このように「のだった」が反復や習慣の含みを感じさせやすいのは、「のダ」が、ことがらを単に描写するものではなく、すでに定まった事情として表現するものであることによるものと思われる。つまり、えさを見つけて来てひなに与えること、一目散にかけて来ること、「お嬢さん」と呼ぶことが定まったこととしてあったということから、反復や習慣の含みが生じてくるものと思われる。これに加えて、動作の完了や進行を表す「与えた」や「与え

ている」などの形ではなく、「与える」という形が用いられていることも、問題の含みを助長する働きをするものと考えられる。

　しかしながら、こうしたことから、「のだった」には、動作の反復や習慣を表す働きがあるというように考えるのは適当ではなかろう。「のだった」を伴う文に対して反復や習慣の含みを積極的に与えるのは、「のだった」そのものではなく、むしろ、習慣や習性などを話題にしている文脈のほうだと言うべきである。また、「のだった」を伴う文が動作の反復や習慣を表すときには、その文の中に、一回かぎりのことがらではないことを示す表現（「いつも」「ときどき」「雨の降る夜は」「気が向くと」など）が含まれていることが多い。こうしたことから、現実の用例に当たってみると、文脈を無視して読めば反復の含みを持つように感じられる場合でも、実際には一回かぎりのことがらが表現されているということがよくある。例えば、

　　その代わり、加島と勝山には、ネットを挟んで南北に分れているコートのどちら側から試合を始めるかを選択する権利があるのだった。　　　　　　　　　　（宮本輝『青が散る』）

という文だけを見ると、加島と勝山にコートの側を選択する権利がいつもあったようにも感じられる。しかし、実際には、この文は次のような文脈に現れて、一回かぎりのことがらを表しているものである。

　　勝山が自分のラケットを地面に立て、グリップをねじった。倒れたラケットの、ガットの上部と下部につけてある飾り糸の向きでどっちが先にサーブをするかを決めるのである。燎平と金子のペアが先にサーブすることになった。その代わり、

加島と勝山には、ネットを挟んで南北に分れているコートの
　どちら側から試合を始めるかを選択する権利があるのだった。
　　加島・勝山組は湿りを帯びた強い風を背にして立った。(同上)
また、
　　自分はいまにも突然発狂しはしないかという不安は、彼の中
　で絶えずさざ波立っていた。それは、ときおり大波となって、
　彼をいわば狂人と同じ状態にさせ、そのうち治まると、いつ
　荒れだすか見当もつかない黒い無数の小波みたいに、いつま
　でも騒ぎ踊っているのだった。　　　　　　　　　　(同上)
という例においても、「のだった」の文は反復を表すものとして理
解されるが、このことは、先行文脈や当該の文に「絶えず」「とき
おり」という表現が用いられていることを無視しては考えられな
いであろう。
　なお、この反復や習慣の含みも、「のだった」に限られるもので
はなく、第3章(6節)でも見たように、「のだ」にも共通して現れ
るものである。
　　コートが使えない日は、いつも金子は部員たちに体育館でサ
　ーキットトレーニングをさせるのである。日曜日以外は、ど
　んなことがあっても、金子は練習を休ませてくれないのだっ
　た。　　　　　　　　　　　　　　　　　　　　　(同上)

3　特殊な「た」の場合

　次に、話しことばにおいても自由に用いられる「のだった」の
用法について考える。ここでの「た」は、単に、命題の過去性を
表すものではない。

第一に、過去における話し手の当為を表す用法がある。「スルのだった」の形で用いられるのが普通である。

あの時そう言っておくんだった。

そんなことならもっと早く行ってあげるんだった。

今になって思い至った過去の当為を述べるものであり、現実にはそのことを行わなかったことに対する後悔の念が含意される。

実現すべきこととしてすでに定まっていることがらを表現するとき、「のだ」が命令や話し手の意志の表現になることがあった(第3章(2.3節)参照)が、この「のだった」は、それに相当するものと言えよう。注意しておくべきは、この「のだった」は、今から思えばあることがらを行うべきだったということを表現するものであって、あることがらを行うべきだという命題が過去において成立していたことを述べるものではないということである。こうした「のだった」における「た」が命題の過去性を表すものではないというのは、このことを意味している[2]。

第二に、想起したことがらを述べる用法がある。概略、現在や未来のことがらや恒時的なことがらであれば「スルのだった」となり、過去のことがらであれば「シタのだった」となる。

そうだ、あすは太郎が来るんだった。

そうだ、きのうは太郎が来たんだった。

あっ、そうそう、お隣に来た荷物を預かって{いる／いた}んだった[3]。

この「のだった」の「た」も、明らかに、命題の過去性を表すものではない。「のだ」を伴う文も想起したことがらを表すのに用いられることがあったが(第3章(2.2節)参照)、「のだった」にお

いては、「た」の働きにより、「過去に聞いたり、考えたりしたこと、つまり過去にいったん認識していたことを忘れていて思い出した」[4)]という意味が加わる。

なお、現在や未来のことがらの想起を表現する場合には、「た」がどの位置に付くかにより、「スルのだった」という言い方と「シタのだ」という言い方とが可能になることがある。両者はほぼ同義であると言ってよかろう。

そうだ、あさっては試験が{あるんだった／あったんだ}。

そうだ、この先は{右折できないんだった／右折できなかったんだ}。

次のように、「た」を重複して含む言い方も、不可能ではなかろう。

そうだ、あさっては試験があったんだった。

そうだ、この先は右折できなかったんだった。

これに対し、次のような場合には、「シタのだ(った)」の形は不可能である。

そうだ、あさっては試験が{行われるんだった／?行われたんだ}。

（押しても引いてもドアが開かないとき）そうだ、このドアは横に{引くんだった／?引いたんだ}。

概して、状態性の述語(「ある」「右折できない」「預かっている」)の場合には、「スルのだった」と「シタのだ(った)」の両方が可能であり、動作性の述語（「行われる」「引く」）の場合には、「スルのだった」だけが可能であると言ってよいと思われる。

注

 1）ちなみに、「のだった」のこうした表現効果は、連体修飾を受けた普通の名詞に「だった」が続く形の表現にも共通するものである。例えば、

　太郎には、そのことだけが心残りに感じられるのであった。
という文の表現効果には、

　そのことだけが心残りに感じられる太郎であった。
という文の表現効果に通じるものがある。実際の用例としても、次のような文連続があった。いずれも、四コマ漫画における用例であるが、各文の表現効果の類似性は明白であろう。

　①（妹）お姉ちゃんって家庭的だし、いい奥さんになれると思うよ。──（姉）もちろんよっ。②（妹の作り話の世界に移って）ところが、亭主に浮気されて、夫婦ゲンカの末、離婚さわぎ…。慰謝料でもめた出もどりの年増女は人生に疲れてしまうのだった。③そんな不幸な姉をやさしく見まもる妹だった。④見まもるだけでお金はかさないのだった。

（『まんが４ＤＫヤングコミック』）

　①巣が高すぎると思うシマ坊（シマリスの名前）だった。②落ちたらアブナイと思うシマ坊だった。③巣は低い所につくるのがおりこうとおもうのだった。④その冬…。（地面に近いところに巣を作ったために、雪に埋もれてしまうという落ちが描かれる。）　　　　　　　　　　　　　　　　　（『まんがライフ』）

 2）何かをすべきではなかったと述べる場合には、「～のではなかった」となる。「～ないのだった」は、普通、用いられない。

　あんなことを{言うんじゃなかった／?言わないんだった}。
この理由は不明であるが、禁止の表現においても、

　同じことを何度も{言うんじゃない／?言わないんだ}。
に見るように、「～のではない」と「～ないのだ」のあいだにちょう

ど平行的な現象が認められた(第3章(注5)、第6章(5節)参照)。ただ、禁止の「〜ないのだ」には、終助詞の付加に関連して複雑な事情があったこともあり(第3章(注5)参照)、両者のあいだの関係は不明である。

　3）次のように「のダ」を反復して含む用例も観察される。

　　あっ！──どうしたの？──きょう三時から会議があるんだったんです。

「あるんだったんです」の中の、「んだった」は想起した実情を表すために、また、末尾の「んです」は「あっ！」と言う声を発した事情を表現するために用いられているものだと言えよう。

　4）寺村秀夫氏「'タ'の意味と機能」(『岩倉具実教授退職記念論文集　言語学と日本語問題』、くろしお出版、1971年)。

第10章　補足的な要因

　第3章〜第9章において、「のダ」の代表的な形での用法について検討を加えてきたわけであるが、始めから暗黙のうちに仮定していたことがある。それは、「のダ」の使用条件は、文の意味内容、言語的な文脈、会話の状況といった、意味に関わる要因だけに基づいて決まるであろうということである。けれども、実際には、「のダ」の使用条件について細かく見ていこうとすると、さらに考慮に入れなければならないいくつかの問題がある。

1　述語の種類と「のダ」

　まず、動詞や形容詞を述語とするならば「のダ」が必要とされるような場合でも、名詞を述語とするときには「のダ」がなくてもかまわないことがあるという問題がある。これは、「のダ」が名詞述語文の一種であるという事実と無関係ではなかろう。

　まず、「のだ」と「のではない」の場合について考える。例えば、

　　誰に手紙書いているの？——?手紙を書いていません。?宿題
　　をしています。

という対話の返答の動詞述語文には、「のダ」を加えて、

　　手紙を書いているんじゃありません。宿題をしているんです。

と改めなければ不自然である。ところが、

　　手紙じゃありません。宿題です。

のような名詞述語文であれば、「のダ」を用いなくても問題ない。
　また、
　　おまえあの金を盗んだだろう。──盗んだんじゃない。ちょっと{?借りたよ／借りたんだよ}。
の返答においては、「のダ」が必要であるが、
　　盗んだんじゃない。ちょっと{借りただけだよ／借りただけなんだよ}。
のように、形式名詞「だけ」を含む名詞述語文の場合には、「のダ」がなくても問題ない。
　形容詞述語文の場合も同様に、
　　君の車、赤いの？──?赤くない。?青い。
という対話の返答には、「のダ」を加えて、
　　赤いんじゃない。青いんだ。
のように改めなければ不自然であるが、
　　赤じゃない。青だ。
のような名詞述語文であれば、「のダ」がなくてもかまわない。
　さらに、
　　せっかく休みを{?とった／とったんだ}。ゆっくりしたいよ。
　　せっかくの{休みだ／休みなんだ}。ゆっくりしたいよ。
のような場合にも、動詞を述語とするか名詞を述語とするかによって、「のだ」が必要とされる度合が異なることが分かる。
　次に、「のか」についても、同じことが言える。例えば、
　　（不動産屋を捜している人に対して）?家を売りたいですか？?買いたいですか？
という動詞述語文は不自然で、

家を売りたいんですか？買いたいんですか？
のようにする必要がある。しかし、
　　　売りをご希望ですか？買いをご希望ですか？
のような名詞述語文ならば、やはり、「のダ」がなくても問題ない。次のような例についても同じことが言える。
　　　いったい誰がこんなことを{？しましたか／したんですか}？
　　　いったい誰の{しわざですか／しわざなんですか}？
　さらに、「のだろう」についても、同様である。例えば、
　　　大学に{？行きたいでしょう／行きたいんでしょう}？まじめに勉強しなさい。
　　　命を救って{？くれたでしょう／くれたんでしょう}？だったらもっと言い方もあるでしょう？
のような動詞述語文の場合は、「のだろう」としなければならないが、
　　　{高校生でしょう／高校生なんでしょう}？まじめに勉強しなさい。
　　　命の{恩人でしょう／恩人なんでしょう}？だったらもっと言い方もあるでしょう？
に見るように、名詞を述語とする場合には、「のダ」がなくてもかまわない。「何と～だろう」「何て～だろう」のような表現においても、同様である。
　　　この電車は何と速く{？走るだろう／走るんだろう}。
　　　（コレハ）何と速く走る{電車だろう／電車なんだろう}。
　　　この家は何て{？大きいだろう／大きいんだろう}。
　　　（コレハ）何て大きい{家だろう／家なんだろう}。

最後に、現象の現れ方が多少異なるが、「のなら」においても、
　　その噂が{正しいなら／正しいのなら}、大変なことだ。
　　その噂が{本当なら／?本当なのなら}、大変なことだ。
に見るように、述語の種類によって、「のダ」が必要とされる度合
に相違が認められる。つまり、「～のダ」に「なら」が付く場合、
「～」が動詞述語や形容詞述語であれば、問題なく、
　　歩くのダ　＋　なら　→　歩くのなら
　　赤いのダ　＋　なら　→　赤いのなら
のようになるわけであるが、他方、「～」が名詞述語や形容動詞述
語などであれば、
　　本なのダ　　＋　なら　→　本なのなら
　　十分なのダ　＋　なら　→　十分なのなら
のようには、普通、ならないということである。体系上、存在す
ることが予想される「本なのなら」「十分なのなら」のような言い
方は、現実にはほとんど用いられず、単に、「本なら」「十分なら」
として表現されるわけである。

2　文内での位置と「のダ」

　次に、文内での位置などによって、「のダ」が必要とされる度合
に相違があるという問題がある。前節で述べた問題は、「のダ」が
どのような種類の表現に付くかによる相違であったが、ここでの
問題は、「のダ」を伴う表現全体がどのような環境に現れるかによ
る相違である。
　例えば、
　　どうして休んだんだ？――用事があったから{?休んだ／休ん

だんだ}。
　どうしてこんなに減るんだろう？——使うから{?減る／減るんだ}。
では、「のダ」は不可欠であると言ってよい。しかし、
　どうして休んだんだ？——用事があったから{休んだ／休んだんだ}と電話で言っただろう？
　どうしてこんなに減るんだろう？——使うから{減る／減るんだ}ということくらいこどもでも知ってるよ。
に見るように、いわゆる従属節においては、「のダ」がなくても特に不自然ではないことがある。このように、「のダ」の使用条件には、文末の位置かどうかということが関わってくるわけである。

　しかも、問題は、単に、文末の位置かどうかということだけではない。例えば、話題の人物が欠席したことについて、その理由を問題としている状況を考えてみよう。
　寒かったから{?休んだ／休んだんだ}。
　寒かったから{?休んだだろう／休んだんだろう}。
　寒かったから{?休んだかも知れない／休んだのかも知れない}。
　寒かったから{休んだに違いない／休んだのに違いない}。
　寒かったから{休んだそうだ／休んだんだそうだ}。
容認性の判定は微妙で、結論的なことを述べるにはしかるべき検討を要する。しかし、同じ文末の位置でも、「のダ」が必要とされる度合に相違があり得るということだけは確かであろう。

　以上の事実は、
　雨が降った：雨が降ったのだ

雨が降ったか？：雨が降ったのか？

　　　雨が降っただろう：雨が降ったのだろう

　　　雨が降ったなら〜：雨が降ったのなら〜

に始まって、

　　　雨が降ったかも知れない：雨が降ったのかも知れない

　　　雨が降ったに違いない：雨が降ったのに違いない

　　　雨が降ったそうだ：雨が降ったのだそうだ

などの二文の対のあいだに認められる対立を、すべての場合を通じて完全に同一の関係と見ることに問題がある可能性を示唆していると言ってよい。

3　推定の「のではないか」

　さらに、「のダ」が本来の機能とは関わりなく用いられるという現象がある。言わば、「のダ」の流用の現象である。これは、推定を表す否定疑問文「のではないか」「のではないだろうか」の用法に関する問題であるが、事情が少々複雑である。以下においては、「のではないか」だけについて述べるが、「のではないだろうか」についても同じことが言える。

　第6章(5節)でも少し触れたように、「のだ」と「のではないか」の関係は、「犬だ」と「犬ではないか」の関係に等しい。確かに、表現の形式の対応だけからするとそのように考えてよいが、実際の用法はそれよりも複雑である。それは、否定疑問文によって推定を表す場合、「のダ」を用いるべき意味上の理由が認めがたいにもかかわらず（さらに言えば、「のダ」は許されないはずであるにもかかわらず）、「のではないか」がしばしば用いられるというこ

とである。

　例えば、

　　このテレビは映りが悪い。どこか壊れているんじゃないか？

という文における「のダ」の使用には、十分な理由がある。この文は、テレビの映りが悪いということを受け、その背後にある事情を推定しているものだからである。問題となるのは、次のような文である。

　　（機械を乱暴に扱っている人に対して）おいおい、壊れるんじゃないか？

ここでも、「のダ」が用いられている。しかし、この文は、あることがらを受けてその背後の事情を表現するものでもなければ、すでに定まった実情を表現するものでもない。（相手が乱暴に扱っているのを見ての発言ではあるが、そのことを受けて、それはどういうことかを問題としているわけではない。）このため、本書で述べてきたところに従うと、このような場合に「のダ」が用いられることはあり得ないはずである。

　結論から言えば、上の文が表現している内容は、本来ならば、

　　～壊れないか？

または、

　　～壊れはしないか？

という文によって表されるはずのものであるのだが、「壊れるのではないか」が偶然か何かの理由でその使用範囲を拡大し、「壊れないか（壊れはしないか）」の領域にも食い込む形になっているのではないかと思われる[1]。

　この見方が正しいとするならば、

おいおい、壊れるんじゃないか？

のような言い方の「のではないか」に含まれる「のダ」は、その本来の機能を無視して用いられていることになるから、「のダ」の流用の現象と言ってよいと思われる。あるいは、意味上の理由なしに用いられているわけであるから、「のダ」の「空用」とでも言うべきかも知れない。

4　形容詞述語文における「のです」

　「のダ」の流用ないし空用に関わる問題がもう一つある。それは、形容詞を述語とする丁寧体の文においては、「のダ」を加えるべき意味上の理由が感じられないにもかかわらず、「のです」を伴っていることがあるという問題である。

　文脈から取り出してしまうと微妙なところが分からなくなるが、次のような文がその例である。

　　スロー再生中に画面にノイズが出る場合は、スロートラッキングボタンを押して調整すればよいのです。

文脈から判断して、「のだ」を用いるべき意味上の理由があまり感じられないところに、「のだ」が用いられている。これは、形容詞述語文においては「よいです」のような丁寧体の言い方が自然でないため、「よいのです」という表現で代用することで、その不自然さを回避しようとしているのではないかと思われる。

　次のような例においては、そうした事情がさらにはっきりとうかがえる。

　　まことに{?心苦しいです／心苦しいのです}が、あすもう一度おこしいただけないでしょうか。

「心苦しいです」という言い方の不自然さを避けるために「のです」が用いられているものと思われる。その証拠に、同じような内容を表わす場合でも、

　　まことに申しわけ{ありません／ないのです}が、あすもう一
　　度おこしいただけないでしょうか。

のような場合には、「ありません」が問題のない表現であるため、「のです」を加えなくても不自然ではない。

　ここでも、「のダ」は、本来の機能とは無関係に、さらに言えば、意味上の理由もなく用いられていることになるから、「のダ」の流用ないし空用と言うことができよう。

　注
　　1) 厳密にはしかるべき調査を要するが、東京方言においては、「壊れないか？」「壊れはしないか？」と「壊れるんじゃないか？」とでは使用頻度に明確な開きがあり、前者は後者よりも劣勢であるように思われる。これに対し、近畿方言においては、「壊れへんか？」(東京方言の「壊れないか？」に相当) もごく普通に用いられ、「壊れるんと違うか？」「壊れるんやないか？」(「壊れるんじゃないか？」に相当) と拮抗しているように思われる。同様に、岡山方言においても、「壊れりゃあせんか？」(「壊れはしないか？」に相当) が、「壊れるんじゃねえか？」(「壊れるんじゃないか？」に相当) と拮抗しているように思われる。

第11章　定義をめぐる問題

　第1章では、「のダ」を、「のだ」「のか」「のだろう」「のではない」「のなら」「のだから」などの共通部分として規定した。そして、第3章〜第9章では、代表的な形での「のダ」の用法について一つ一つ考察した。言うまでもなく、そこで得られた分析結果の多くは、その他の形での「のダ」の用法にも通用する。

　一例を挙げれば、「かも知れない」と「のかも知れない」は「のダ」の有無による対立と見てよく、両者のあいだの意味や用法の相違は、これまでに述べてきたところから予想される通りである。例えば、

　　その猫は、犬を見て{逃げたかも知れない／逃げたのかも知れない}。

においては、「のダ」の有無によって、文の意味が異なってくる。すなわち、「〜逃げたかも知れない」は、逃げたかどうかについて述べるものであるが、「〜逃げたのかも知れない」は、猫が逃げたことを受けて、その背後の事情を述べるものであるという相違がある。また、

　　近ごろ太郎は元気がない。何か心配ごとでも{?あるかも知れない／あるのかも知れない}。

という例では、「のダ」を用いることが必要である。太郎が元気がないことを受けて、その背後の事情を問題としているからだと言える。逆に、

> わたしも気が向いたら{参加するかも知れません/?参加するのかも知れません}。

においては、「のダ」が用いられない。これは、発言の時点においてまだ定まっていないことがらを表現しているからだと言うことができる。

しかしながら、「のダ」の範囲を厳密に定めることは、実は、必ずしも容易なことではない。以下、「のダ」の範囲を定義するうえで問題となり得ることがらについて簡単に述べておく。

1　文末の「の」

まず、文末に現れる「の」を、「のダ」との関係においてどのように見るかという問題がある。すなわち、文末に現れる「の」は、多くの場合、「のだ」や「のか」の文体的な変異形と見ることができるが、一部に、「のダ」の「の」と見ることに問題が残る（少なくとも、「のダ」の「の」と見ることに十分な根拠を示し得ない）ものがあるのである。

まず、「～じゃないの」という言い方に現れる「の」がある。

> そんなことしたら危ないじゃないの。

この「の」は、「のだ」や「のか」で置き換えることができず、むしろ、「～じゃないか」のように「か」で置き換え得るものである。この意味において、これは「のダ」の「の」ではなく、いわゆる終助詞の類に属するものと一応は考えてよい[1]。

次に、「のだ」「のではない」のところで述べたように、

> 同じことを何度も言わないの。
>
> 同じことを何度も言うんじゃないの。

のような禁止の表現における「の」は、「のだ」や「のです」とすることはできない(しかし、終助詞が付く場合は「のよ」「のだよ」「のですよ」のいずれも可能である)という意味で、問題を含むものであった(第3章(注5)、第6章(注3)参照)。

　また、「～ですの」「～ますの」などのように丁寧体の表現に続く「の」がある。

　　手作りのミートパイですの。

　　何が食べたい？――うれしい。ごちそうしていただけますの？

こうした場合の「の」は、「のです」「のですか」で置き換えがたいが、その働きは、「のダ」と異ならないように感じられる。明確な根拠はないが、それぞれ、「手作りのミートパイなんです」「ごちそうしていただけるんですか？」の文体的な変異形と見てよいのではないかと思われる[2]。

　次のような言い方に用いられる「の」も、問題である。

　　変なの。

「どうしたの？」と尋ねられて「ポチの様子が変なの」と答えるときの「変なの」は、「変なのだ」の文体的な変異形であり、問題ない。ここで言うのは、変なものを見て発する「変なの(お)」である。この場合の「の」を「のだ」で置き換えた言い方は、少なくとも一般的ではない。次のような例における「の」も同類であろうか。

　　なんだ、度胸ないの。

　　人がせっかく手伝ってあげようって言ってるのにかわいくないの。

この種の言い方には、最終拍が高い音調で発音され、しばしば延長を伴うという、音韻上の特徴がある。この特徴は一見奇妙なものであるが、

　　すてきでしょう？これ象牙なのよ。──わあ、いいんだ(あ)。
　　見いちゃった。いけないんだ(あ)。

のように「のだ」を含む文の最終拍にも同じことが認められる。とすれば、「変なの」以下「いけないんだ」までの例は基本的に同類の表現であり、したがって、「変なの」などにおける「の」も「のだ」の変異形と考えてよいということにもなるが、結論は下しがたい。

　さらに、次のような例における「の」も、やはり「のだ」によって置き換えがたく、「のだ」との関係をどう見るべきか不明である。

　　太郎のやつ、またシャツ出してやがんの。
　　そんなことできっこないっつうの。
　　かわいい。動いてんの。

　いずれにせよ、「のダ」の周辺に位置する「の」を考えるうえでは、「の」の用法の通時的な変化や方言におけるその分布などを考慮に入れることが必要であろう。

2　「ので」

　次に、「ので」という表現を、「のダ」との関係においてどのように見るかという問題がある。すなわち、「ので」を「のダ」の現れと見るべきかどうかが問題となるわけであるが、一口に「ので」と言っても、いくつかの種類のものがあるので、分けて考える必

要がある。

　ここでは、「ので」を以下のように三種類のものに分けて考える。(「もっと小さいかばんでいい」などの代わりに用いられる「もっと小さいのでいい」のような言い方に含まれる「ので」は除く。)結論としては、少なくとも共時的には、第三の「ので」だけを「のダ」の現れとするのが妥当な見方であろうと思われる。[3]

　第一の「ので」は、原因や理由を表すものである。

　　朝から断水しているので水が出ない。

　　風邪を引いておりますので休ませます。

このような「ので」を「のダ」の現れとする説もあるが、そう考えるべき根拠に乏しい。

　第二の「ので」は、可否判断の基準を表すものである。望ましくない結末を表す場合には「のでは」となることが多い。

　　一日に三十分ほど練習するので十分です。

　　本人が出て来ないのでは話にならない。

　　こんな小さな町にそんなのができたんじゃ、うちみたいな小さい店は一たまりもないもんね。

　第三の「ので」が、「のダ」のいわゆる中止形での現れと考えられるものである。この「ので」は、「のであり」「のであって」「のでして」などで置き換えることが可能である。次の四例のうち、前二者は話しことば(を文字化したもの)、後二者は書きことばからの用例である。

　　「オ……ニナル」は、これは比較的新しいんで、江戸のことばには、あまり多くあらわれない。まず一般には使われなかったといっていい。

(日本放送協会編『NHK国語講座　現代語の傾向』)

だから、茨城の茨などは、特殊な人が知っていればそれでいいので、日常生活において国民生活全体になにも影響しない。

(中村通夫編『講座日本語2　日本語の構造』)

「静かにだ」「ひどくです」などいふ事はあるが、間に語が略されたので、直接の接続法ではない。

(湯沢幸吉郎『口語法精説』)

命令のための助詞も助動詞も、必要でない。事実、それらは、存在しないと言った方がよかろう。文語の「べし」というのも、推量・可能・当然というような非現実への請求を強く言い切るから、結果が命令になるので、元来、命令のための助動詞ではあるまい。

(国立国語研究所『談話の研究と教育Ⅰ』)

なお、「のでは」という言い方には、

こうすればいいのでは？

まさか事故でもあったんじゃ…。

のようなものがあるが、これは、「のではないか」「のではないだろうか」という言い方から「ないか」「ないだろうか」の部分が省略されたものと見ることができる。「犬ダ」が「犬ではないか」「犬ではないだろうか」として現れるのと平行的に、「のダ」が「のではないか」「のではないだろうか」として現れるものと考えられるから、このような「のでは」は、「のダ」の現れ(の一部分)だということになる。[4]

注

1）こうした「～じゃないの」は、補説Cにおいて、第一類の否定疑問文と呼んでいるものである。ただ、この「の」を終助詞と見るにしても、用法が限られていることもあり、補説Aに示した終助詞の体系においてどのように位置付けられるかは不明である。

2）ただ、「のダ」を含みながら、さらに問題の「の」が加わった次のような表現も可能であるから、問題は単純ではない。

　手作りのミートパイなんですの。

　きのう買って来たんですの。

けれども、これらは、「～のであるのである」式の冗語的な表現と見てよいのではないかと思われる。

3）本書の立場は、三尾砂氏『話言葉の文法――言葉遣篇――』（帝国教育会出版部、311～316頁）の立場を踏襲する形になっている。

4）こうした「のではないか」「のではないだろうか」は、補説Cにおいて、第二類の否定疑問文と呼んでいるものである。

補説A　終助詞

一口に終助詞と言っても、終助詞によって構文的な性質が異なる。この補説では、種々の終助詞の構文的なふるまいと、その文体との関わりについて整理しておく。

1　「だ」と終助詞

まず、名詞を述語とする文において終助詞がどのように用いられるかを考えてみると、「だ」が表現されるかどうかが、終助詞によって異なることが分かる。

(1)　「ぞ」「ぜ」「わ」「な(あ)」……「だ」に続く
　　　これは{本だぞ／?本ぞ}。
　　　これは{本だぜ／?本ぜ}。
　　　これは{本だわ／?本わ}。
　　　これは{本だな／?本な}。
(2)　「か」「さ」……名詞に続く
　　　これは{?本だか／本か}。
　　　これは{?本ださ／本さ}。
(3)　「よ」「ね(え)」……「だ」にも名詞にも続く
　　　これは{本だよ／本よ}。
　　　これは{本だね／本ね}。

「のダ」を伴う文も名詞述語文の一種であるから、これと全く同じ形になる。特に指摘に値するのは、現在の東京方言において

は、「の」は終助詞の直前では「ん」にならないということだけである。各類の終助詞から一つずつ選んで示せば、次のようになる。

(1) 「だ」に続く終助詞

　　　雨が{降ったんだぞ／?降ったのぞ}。

(2) 名詞に続く終助詞

　　　雨が{?降ったんださ／降ったのさ}。

(3) 「だ」にも名詞にも続く終助詞

　　　雨が{降ったんだよ／降ったのよ}。

このように見てくると、終助詞は(1)～(3)の三種類のものに分けられるかのようである。しかし、もっと綿密に考えてみる必要がある。と言うのも、「本かね」「本だよね」「本だわよね」のように二つ以上の終助詞を組み合わせて用いる可能性をまだ考慮に入れていないからである。

2　終助詞の体系

結論から言えば、終助詞を上述のように三種類に分けるのは、適当な考え方ではない。終助詞の構文的なふるまいを合理的に説明するためには、終助詞は、概略、次の図に示すような体系をなしていると考える必要がある。[1]

$$\begin{Bmatrix}本だ\\赤い\\行く\end{Bmatrix} \begin{pmatrix}\begin{Bmatrix}か\\さ\\わ\\ぞ\\ぜ\end{Bmatrix}\end{pmatrix} \begin{pmatrix}\begin{Bmatrix}よ\\い\end{Bmatrix}\end{pmatrix} \begin{pmatrix}\begin{Bmatrix}ね(え)\\な(あ)\end{Bmatrix}\end{pmatrix}$$

ここで、{ }は、その中に記された要素のいずれか一つを選択す

ることを表す。また、（ ）は、その中の要素を選択することなく、素通りできることを表す。また、「本だか」「本ださ」という形は、「本か」「本さ」になるという規則を特別に認めておく。

このように約束しておけば、上の図から、例えば、「本かね」「本だよね」「本だわよね」といった言い方は可能であるが、他方、「本ねか」「本だねよ」といった言い方は不可能であるということを知ることができる。

もっとも、上の図に従うと、「本さね」「本だぞよ」「本だわいな」のように、現在の東京方言においては用いられない形も同時に作られてしまう。しかし、これらは、原理的に許されない表現であるというよりも、主として偶然によって支配された、体系上の欠落と見るべきであろう。このため、時代や地域が異なれば、そうした言い方が実際に用いられる可能性もあるものと思われる。

3 「だわ」の省略

さて、実際には用いられているが、上の図では説明のできない言い方がある。それは、「本ね」「本よ」「本よね」という言い方である。ここでも、「本か」「本さ」の場合にならって、「だ」を省略する規則を特別に認めるのが適当であろうか。つまり、「本ね」「本よ」「本よね」は、「本だね」「本だよ」「本だよね」から「だ」が省略されてできた言い方と見るべきであろうか。（ただし、「本だか」「本ださ」が通常は不可能であるのに対し、「本だよ」「本だね」「本だよね」という言い方は同時に可能であるという違いがある。）

ここでも結論から言えば、「本よ」「本ね」「本よね」という言い

方は、

　本だわよ　　→　本よ
　本だわね　　→　本ね
　本だわよね　→　本よね

のように、「本だわよ」「本だわね」「本だわよね」から「だわ」が省略されたものとして解釈するのが適当であろうと思われる。「だわ」の省略を考えることの根拠としては、次の二点を挙げることができる。

　第一は、意味、文体上の共通性である。「本よ」「本ね」「本よね」の意味は、それぞれ、「本だわよ」「本だわね」「本だわよね」の意味に、完全にとは言えないまでもほとんど等しい。これに加え、東京方言では、前節で示した図において「わ」が選択された場合、そして、その場合に限り、女性的な文体の表現が生じるという一般化が成り立つ。ところが、「本よ」「本ね」「本よね」だけは、表面上は「わ」を伴っていないにもかかわらず女性的な文体の表現であり、この一般化に対する例外となっている。「本よ」「本ね」「本よね」を、それぞれ、「本だわよ」「本だわね」「本だわよね」のように「わ」を含む言い方に帰することによって、問題の一般化を維持することができる。

　第二は、体系上の欠落に関わる問題である。すなわち、「本な」「本よな」という言い方は、前節の図に従えば許されるものであるが、実際には用いられない。ところが、同時に、「本だわな」「本だわよな」という言い方も、前節の図では許されるが、実際には用いられない。この二つのことは、「だわ」の省略を想定する立場においては、互いに無関係な現象と見る必要はない。すなわち、

本来ならば、

　　本だわな　　→　　本な

　　本だわよな　→　　本よな

という派生が期待されるところが、左側の言い方が存在しないために、右側の言い方も存在しないというように説明することができる。

4　「の」で終わる言い方

「だわ」の省略という考え方を、「これは本」のように文を名詞で終える言い方にまで適用することができるとすれば、ここでの「本」は、

　　本だわ　→　　本

のように、「本だわ」から「だわ」が省略されたものであることになる。このように考えることの妥当性はさらに検討を要するところであるが[3]、少なくともこれに符合する事実がある。

それは、「雨が降ったのだ」の文体上の変異形として、「雨が降ったの」という言い方が可能であるが、これは女性的な文体の表現であるという事実である。この事実自体は明白であり、古くから指摘があるが、その理由が問われたことはこれまでなかったように思われる。しかし、上述の解釈に従えば、そうした言い方は、

　　雨が降ったのだわ　→　　雨が降ったの

のように、「だわ」の省略によって生じたものと考えられるから、これが女性的な表現であることも自動的に説明が付くことになる。

このように、「の」で終わる言い方の文体的な特徴を、「だわ」の省略を想定することの第三の根拠の可能性として挙げておくこ

とができる。

5 「だか」

最後に、「だ」と「か」が組み合わせて用いられる可能性について補足しておく。

2節では、「本だか」という形を「本か」に変える特別な規則を認めた。このように、「だ」と「か」を組み合わせるときには、「だ」を落として「か」とするのが普通である。ところが、「だか」という言い方が例外的に用いられることがある[4]。これは、後ろに、「分かる」「知る」「覚える」「忘れる」「言う」などの表現が続く場合（または、そうした表現が省略されていると理解できる場合)、しかも、「分からない」「忘れた」「覚えているか」「言えるか」のように知識の欠如や不確実さが問題になっている場合が多いようである。

　どれがどれだか分からなくなってしまった。
　どれがどれだか覚えていますか？
　どういうつもりだか知らないけど、全くねえ…。
　さあ、どうだか。
　何だか寒いわね。

「のダ」の場合も、同じ条件のもとで、「のか」ではなく「のだか」になる。

　あれじゃ、何しに会社に行ってるんだか分からないよ。
　いったい、何考えてるんだか。

「だか」という言い方は、以上の例に見るように、いわゆる疑問詞とともに用いられることが多いが、疑問詞を伴わない場合に

も用いられる。

　イギリスだかフランスだか知らないけど、どこにでも行ったらいいじゃない。

　拾って来たんだか盗んで来たんだか分かりゃしない。

　注

　1）この図は、渡辺実氏「終助詞の文法論的位置――叙述と陳述再説――」（『国語学』第72集、1968年）が示された図を簡略化した形になっているが、ここでの現象の解釈は氏のそれとは必ずしも一致しない。ただ、渡辺氏は図の読み方に関して十分に明確な規定を与えておられないので、氏の解釈は正確には知り得ない。

　なお、方言などに見られる「～わさ」「～かさ」のような言い方を記述するためには、「さ」の扱い方を改める必要がある。

　2）「だわ」の省略は、上野田鶴子氏「終助詞とその周辺」（『日本語教育』17号、1972年）が述べておられる。ただし、上野氏は、「だわ」の省略を想定する理由を明らかにしておられない。

　念のために付け加えておくと、「だわ」の省略は、現在の東京方言における終助詞の構文的なふるまいを記述するために仮定するものに過ぎない。これが通時的に生じた現象であるかどうかは、ここでは問題ではない。

　3）「これは本だわ」と「これは本」とが同義であると考えることには、議論の余地があろう。また、「本だわ」から「だわ」が省略されることによって「本」という述語が生じる過程とは別に、「本だ」から「だ」が省略されて「本」になったり、「本か」から「か」が省略されて「本」になったりする可能性を考慮する必要もあると思われるから、問題は単純ではない。

　4）「だか」という言い方の可能性については、宮地裕氏「文末助

辞と質問の昇調」(『国立国語研究所論集1　ことばの研究　第1集』、秀英出版、1959年) による指摘がある。

補説B　疑問文の形式

疑問文においては、終助詞の「か」が用いられることもあれば、用いられないこともある。ここでは、疑問文における「か」の使用条件について要点を整理しておく。

1　普通体の疑問文

普通体の表現に限って言えば、疑問文がいわゆる疑問詞を含むときには、終助詞の「か」は用いられない。

まず、名詞を述語とする疑問文の場合、疑問詞を含むときには、「か」を用いることができない。「だ」で文を終えるか、名詞だけで文を終えるかしなければならない。これに対し、疑問詞を含まないときには、「だ」で文を終えることはできない。

　　これは{?誰の本か／誰の本だ／誰の本}？
　　これは{君の本か／?君の本だ／君の本}？
いわゆる形容動詞を述語とする疑問文の場合も同様である。
　　どれくらいが{?適当か／適当だ／適当}？
　　これくらいが{適当か／?適当だ／適当}？

形容詞や動詞を述語とする疑問文の場合も、やはり、疑問詞を含むときには「か」が用いられない。
　　君はどの本が{?いいか／いい}？
　　君はこの本が{いいか／いい}？
　　君はどの本を{?買うか／買う}？

君はこの本を{買うか／買う}？

このように、疑問詞と「か」は、一つの疑問文内に共存するのを避ける関係にある[1]。

2　丁寧体の疑問文

丁寧体の疑問文においては、普通体の場合と異なり、疑問詞の存在によって「か」が排除されることはない。

まず、名詞、形容動詞、形容詞を述語とする疑問文では、疑問詞が含まれているかどうかに関わりなく、「か」を用いるのが普通であろう。

これは{誰の本ですか／?誰の本です}？
これは{君の本ですか／?君の本です}？
どれくらいが{適当ですか／?適当です}？
これくらいが{適当ですか／?適当です}？
君はどの本が{いいですか／?いいです}？
君はこの本が{いいですか／?いいです}？

動詞を述語とする疑問文の場合には、「か」を省略した言い方も普通に用いられる。しかし、ここでも、疑問詞と「か」のあいだに、排除し合う関係は認められない。

君はどの本を{買いますか／買います}？
君はこの本を{買いますか／買います}？

もっとも、丁寧体の疑問文の場合も、疑問詞の有無と「か」が用いられるかどうかが無関係であるわけではない。ここでも、疑問詞を含む疑問文のほうが、疑問詞を含まない疑問文よりも、「か」を省略しやすいという程度の相関はあるように思われる。

3 「のダ」を伴う疑問文の場合

さて、「のダ」を伴う文は名詞述語文の一種であるから、これが疑問文の形で用いられるときには、名詞を述語とする疑問文について上述したことがそのまま当てはまる。

このため、普通体の疑問文の場合、疑問詞を含んでいれば、「のか」は用いられず、文末の形は、「のだ」または「の」となる。

　　これは誰が書いた{?のか／んだ／の}？
　　これは君が書いた{のか／?んだ／の}？

これに対し、丁寧体の疑問文では、疑問詞を含むかどうかにかかわらず、「か」を用いるのが普通であろう。

　　これは誰が書いた{んですか／?んです}？
　　これは君が書いた{んですか／?んです}？

もっとも、疑問詞を含む前者のほうが、疑問詞を含まない後者よりも、「か」を省略しやすいという程度の相違はあるように思われる。

注

1) 「これは誰の本かね」のようにさらに終助詞が続く場合には、疑問詞を含んでいても、「か」を用いることが可能になる。また、「自由とは何か」のように、問題を設定したり提起したりする疑問文でも、疑問詞が含まれていても、「か」が用いられる。さらに、「これは誰の本か分からない」のように疑問文がいわゆる従属節として用いられる場合も同様である。

なお、ここで述べた疑問詞と「か」の関係については、古くから指摘がある。記述の対象とする時代によりその様相は多少異なるが、例

えば、1632年刊のコイヤード『日本語文典』(大塚高信氏訳、坂口書店、1934年、70頁)には、

> 疑問文には総てカ或ひはゾを後に置く。但し、叙述の中に或る疑問詞があれば、カよりもゾの方が善い。

とある。また、石川倉次氏『はなしことばのきそく』(金港堂書籍、1901年、226頁)には、

> 「うたがい-ぶん」にわ、「か」またわ「や」をそえることになッてをる。だが、うえにうたがいのことば、「なに・だれ・どこ・いつ・どんなに・どー」などのあるときわ、「か・や」がなくても、「うたがい-ぶん」となるのである。

とある。疑問詞と係助詞や終助詞との関係が通時的にどのように変化してきたかについては、田中健子氏「疑問表現形式の変遷——会話文を中心として——」(『文学・語学』第1号、1956年)の整理が参考になる。

近年では、千葉修司氏による議論がある (Shuji Chiba 'On interrogative particles *-kai* and *-dai*'、『津田塾大学紀要』№11、1979年)。ただ、千葉氏は、「かい」と「だい」を、疑問を表す助詞として対等に比較しておられるが、「か」と「だ」は選択的な関係にあるものではないことに注意する必要がある。これは、動詞述語文や形容詞述語文では「か」は用いられるが、「だ」は用いられないことを考えれば明らかであろう。

補説C　否定疑問文の類型

　一口に否定疑問文と言っても、その中には様々な働きをするものがあるということはよく知られている。例えば、次のようなものがある。

　　やあ、谷村じゃないか。（発見）

　　何するんだ。危ないじゃないか。（非難）

　　雨でも降るんじゃないか？（推定）

　　雨上がらないかなあ。（願望）

　　本当に鯨は魚じゃないか？（念押し）

　ここでは、一見したところ多様に見える否定疑問文の中に、明確に区別すべき二三の下位類型が認められることを述べる。[1]

1　「否定疑問文」という語について

　本題に入る前に、「否定疑問文」という語について、最低、次のことを明確にしておく必要がある。まず、この補説では、「疑問文」とは、終助詞「か」で終わる文、および、「か」を伴ってはいないが文意に変化を来すことなく「か」を補うことのできる文を言うものとする。（これらに加えて、「かな(あ)」「かしら」などで終わる文も含めて考える。）ここで、「か」の機能が発問に限らず多岐にわたるということは周知のとおりであり、したがって、上の定義によれば、「疑問文」は機能的に種々のものを含むことになる。このことを確認したうえで、「否定疑問文」を、主たる述語が否定

辞「ない」を伴う疑問文と定義する。しかし、以下で見るように、一口に「否定」と言ってもやはりその働きは一様でなく、いわゆる否定の働きからはかけ離れている場合もある。このように、「否定疑問文」は、便宜的な性格の強い名称であり、形式的にも機能的にも多様なものを包含するものであることをあらかじめ明確にしておきたい。もっとも、裏を返せば、この多様性こそ、「否定疑問文」の問題を提起するものであることは言うまでもない。

2 「ではないか」

問題がいささか複雑なので、まずは、「ではないか」で終わる否定疑問文に限定して話を進める。以後、「ではないか」と記すときは、「じゃないか」「ではありませんか」などの文体的な変異形を含めて言うものとする。

2.1 三種類の「ではないか」

結論から述べると、「ではないか」には、意味だけでなく構文・音調のうえでも区別されるものとして、最低二類——ここでは三類と考える——のものを認めなければならない。ここに言う構文・音調上の区別がどのようなものであるかは追って明らかにすることとして、まず、各類の「ではないか」の典型的な働きを簡単に例示しておく。(ここに示す用法の説明は、それぞれの類に関して見当を付けるための目安に過ぎない。詳細は後述する。)

第一類の「ではないか」は、発見した事態を驚きなどの感情を込めて表現したり、あることがらを認識するよう相手に求めたりするものである。「ない」を含むとは言え、前に来る表現の内容が否定されているわけではない。

やあ、谷村じゃないか。
　何するんだ。危ないじゃないか。
　自分から言い出したんじゃないか。

　第二類の「ではないか」は、推定を表現する。この場合も、話し手は前の表現の内容を否定してはおらず、むしろ、それを認めるほうに傾いている。

　　（谷村の不審な様子から）どうも犯人は谷村じゃないか？
　　（空模様を見て）雨でも降るんじゃないか？

　第三類の「ではないか」においては、「ない」が否定辞本来の性格を発揮する。

　　（犯人は谷村でないと教えられて）そうか、犯人は谷村じゃないか。
　　（鯨ガ魚デナイト君ハ言ウガ得心デキナイ。）本当に鯨は魚じゃないか？

　この場合には、意味的にも、一個のまとまりを有する部分として「〜ではない」という否定表現（すなわち、「犯人は谷村ではない」「鯨は魚ではない」）を自然に想定することができる。第一類、第二類の場合と同じく「ではないか」の形をしているとは言え、終助詞「か」の接続する対象が「〜ではない」の形をした否定表現であるに過ぎないわけである。この意味で、完全に分析的な表現であると言える。（ここで、表現が「分析的」であるとは、表現を小部分に分解した場合、それぞれの小部分の意味を規則的に複合することで全体の意味が得られることを言う。「分析的」ということは、逆方向から見れば、「複合的」「構成的」ということに等しい。）

各類の「ではないか」を、順に「ではないか₁」「ではないか₂」「ではないか₃」のように表すことにすると、「ではないか₁」と「ではないか₂」「ではないか₃」とのあいだには形式と機能の両面において著しい相違が認められる。このため、二者は文字表記上でこそ区別を持たぬものの、少なくとも現代日本語の共時的な文法記述においては、相互に独立した別個の形式と見るのが適切である。これに比較すると、「ではないか₂」と「ではないか₃」のあいだの相違は小さく、結局、両者は連続するものであろうと思われる。以後、「ではないか₂」と「ではないか₃」を一括して扱う際には「ではないか₂,₃」と記すものとする。

ちなみに、「ではないか₁」と「ではないか₂,₃」の区別に関しては、専ら一方の機能を担う形式を方言の中に見出し得ることを指摘しておくことができる。例えば、近畿方言の「やんか」「(や)がな」や岡山方言の「(じゃ)が」の機能は、「ではないか₁」のそれにほぼ等しい。これに対し、近畿方言の「と違うか」は、専ら「ではないか₂,₃」の領域に重なるものである。ここで、疑問ということに関わりを持たない「(や)がな」「(じゃ)が」という言い方が「ではないか₁」に機能的に相当するという事実は、「ではないか₁」が形の上では疑問文でありながらも機能的には疑問ということとの連関を実質上断ち切っていることの傍証とすることができよう。

以下、各類の「ではないか」について順次検討する。

2.2 「ではないか₁」

「ではないか₁」は、表面的には「で」「は」「ない」「か」のように分割できるが、一個の全体としてのまとまりが強く、内部構造の変更に対して厳格である。この点を含め、「ではないか₁」の構

文・音調上の特性を整理する。

① まず、「ではないか₂,₃」とは異なり、「ではないか₁」は、用言にも直接に続くことができる。このことを、さらに詳しく見てみよう。

「ではないか₂,₃」が直接に続くことができる表現の種類は、「だ」が直接に続くことができる表現の種類に等しい。これには、普通の名詞に加え、いわゆる形容動詞の語幹（例えば、「安全(だ)」）、名詞に助詞の付いたもの（例えば、「京都まで(だ)」「一日だけ(だ)」）、「の」などの形式名詞を末尾に伴う節（例えば、「雨が降ったの(だ)」）、接続助詞を末尾に伴う節（例えば、「雨が降ったから(だ)」）などがある。

さて、「ではないか₂,₃」はそうした種類の表現にしか続かないため、例えば、「?こちらのほうがいいじゃないか₂?」「?そんなに乱暴に扱ったら壊れるじゃないか₂?」のように、「ではないか₂」が形容詞や動詞などに直接に続く言い方はあり得ない。「ではないか₃」についても同様である。これに対し、「ではないか₁」は、「だ」が続き得る種類の表現だけでなく、用言にも直接に続くことができる。例えば、「危ないじゃないか₁」「何だ、まだ誰も来ていないじゃないか₁」「そんな声を出したら気付かれるじゃないか₁」のように、「ではないか₁」は形容詞や動詞などに直接に続くことができるわけである。「やはり犯人は谷村じゃないか₁」に対し、「やはり犯人は谷村だったじゃないか₁」のような言い方も可能である。[2]

この①の特性だけでも、「ではないか₁」を「ではないか₂,₃」から独立の形式と見る根拠とするのに十分だと思われるが、そのほかに次のようなことがある。

② 「ではないか₁」には、「ない」をタ形の「なかった」にした言い方はない。これに対し、「ではないか₂,₃」の場合には、「ではなかったか」が可能である。

　例えば、「ではないか₁」の場合には、「?ひどいじゃなかったか₁」「?そう言ったじゃなかったか₁」などは、少なくとも普通の言い方ではない。これに対し、「ではないか₂,₃」では、「今そこを通ったの、谷村じゃなかったか₂?」「今日誰か来るんじゃなかったか₂?」「(部下の捜査報告を聞いて)そうか、犯人は谷村じゃなかったか₃」のように、「ではなかったか」という形がごく普通に可能である。

③ 「ではないか₂,₃」の場合には、「か」の前に「のダ」の「の」を加えた「ではないのか」という言い方が考えられるが、「ではないか₁」ではこれが考えられない。

　例えば、「ではないか₂,₃」では、「どうも犯人は谷村じゃないのか₂?」「そうか、犯人は谷村じゃないのか₃」などが可能であるが、「ではないか₁」の場合には、「?やあ、谷村じゃないのか₁」のような言い方はない。(以下においては、話を簡単にするために、「のか」を用いたほうが自然な表現になる場合でも、「か」だけを伴う形の例文を示す。)

④ 「ではないか₂,₃」の場合には、末尾の部分を「〜かな(あ)」「〜かしら」とする言い方が可能であるが、「ではないか₁」の場合には不可能である。

⑤ 「ではないか₂,₃」の場合には、推量を表す「だろう」「でしょう」を含む「ではないだろうか」「ではないでしょうか」という言い方が可能であるが、「ではないか₁」ではそれが不可能である。

以上、①から⑤までは、「ではないか$_{2,3}$」との対比において見た「ではないか$_1$」の構文上の特性であった。(構文上の特性とは言っても、②〜⑤などは、意味的な理由によるものとして理解すべきものかも知れない。) このほか、「ではないか$_1$」の特性としては、次のようなものがある。

⑥　「ではないか$_1$」の「か」を略した形が可能である。ただし、これは「ではないか$_{2,3}$」の多くの場合 (しかし、すべての場合ではない) にも共通することである。

⑦　「ではないか$_1$」の「か」を「の」で置き換えた言い方が可能である。

　例えば、「あら、谷村さんじゃないの$_1$」がその一例である。これは、一見、「ではないか$_2$」の「あの人、谷村さんじゃないの$_2$？」 (あるいは、「じゃないか$_3$」の同様の言い方) に共通することのように思われるかも知れない。しかし、「じゃないの$_{2,3}$」は「じゃないのか$_{2,3}$」で換言できるのに対し、「じゃないの$_1$」ではそれが不可能だという相違がある。結局、「じゃないの$_{2,3}$」の「の」は「のダ」の「の」であるが、「じゃないの$_1$」の「の」は終助詞の類に帰属するものと考えられる。表現の可能性を整理して示せば、次のようになる。(終助詞の部分に下線を施す。括弧表記の読み方については、補説A参照。)

　　谷村じゃない $\left(\left\{ \begin{array}{c} \underline{か} \\ \underline{の} \end{array} \right\} \right)_1$
　　谷村じゃない$(\overline{の})(\underline{か})_{2,3}$ (?)

⑧　「ではないか$_1$」は、ほとんどの場合、下降音調で発音される。上昇音調は、次のように、「か」を伴わない「じゃない」という言い方の場合に現れることがあるだけである。

また新しいお店ができるって言う噂じゃない？
　　みんなで食事に行くとするじゃない？（スルト〜）
　　ねえ、お父さんどうしたの？さっきからちっとも姿見せない
　　じゃない？
⑨　最後に、「ではないか」の「ない」の働きを考えるうえで重要な意味を持つと考えられるのが、「ない」の位置での音調のあり方である。

　例えば、普通の否定文「わたしは谷村じゃない」では、音調の概略を示せば、

　　〜タ「ニ」ムラジャ「ナ」イ

のようになり、「ない」の第一拍のところで音調が上昇する。このことを、「ない」に「プロミネンス」が与えられる、と表現することにする[4]。ところが、「ではないか₁」を含む「やあ、谷村じゃないか」では、「ない」にプロミネンスは与えられず、

　　〜タ「ニ」ムラジャナ」イカ

となる。後述するように、「ではないか₂」でも「ない」にプロミネンスが与えられることはない。他方、「ない」が否定辞本来の機能を果たす「ではないか₃」においては、普通の否定文の場合と同じように、「ない」にプロミネンスが与えられる。ただし、現象の性質上、どの種類の「ではないか」の場合にも、実際の会話には標準を外れた音調が稀に現れることも事実である。

　以上、「ではないか₁」の構文・音調上の特性を検討した。次に、「ではないか₁」の用法を分類・整理しておく。

　まず、発見した事態を、驚きや感慨の感情を込めて表現する用法がある。話し手にとって意外なことがらであることが多い。

やあ、谷村じゃないか。
　　なかなかうまいじゃないか。
　　何だ、まだ誰も来てないじゃないか。
事態が相手の責任によるものであるときには、相手に対する非難や叱責の感情を含意する。

　　何するんだ。危ないじゃないか。
　　おかげで服が汚れちゃったじゃない。
　　国語5点、算数10点…。全然成績上がらないじゃないの。
　　電車行ってしまったじゃないか。

最後の例においては、電車が行ったこと自体は相手の責任によるものではないにしても、「オマエガグズグズスルカラ乗リ遅レタノダ」というような話者の気持ちが込められる。(そうでないとすれば、理不尽な八つ当りの発言である。)

　以上の例で表現されているのは、話し手が今発見したばかりのことがらである。こうした場合に加え、話し手はあることをすでに承知している、または、ある意見を持っている(したがって、意外なことがらではない)が、相手にそのことの認識や想起を求めるときにも「ではないか$_1$」が用いられる。ここでは、必ずしも非難などの感情は伴わない。

　　俺とおまえの仲じゃないか。遠慮しないで言えよ。
　　元気を出せよ。また次の機会があるじゃないか。
　　諺に言うじゃない、腹が減っては戦はできぬって。
　　ちゃんとそう言っておいたじゃないか。
　　少しぐらいわたしの話を聞いてくれてもいいじゃない。

　最後に、「ではないか$_1$」は、「〜(よ)うではないか」の形で、相

手を勧誘したり話し手の意志決定を表明したりするのに用いられる。

　　さあ、行こうじゃないか。（誘い）

　　（挑戦されて）受けて立とうじゃないか。（意志表明）

2.3　「ではないか₂」

　「ではないか₂」の特性を、すでに述べた内容との重複を避けて整理すれば、次のようになる。

⑤′　「ではないか₂,₃」では「ではないだろうか」という言い方が可能であることは上述したが、「ではないか₂」の場合に限り、これをさらに、「ではなかろうか」「ではあるまいか」とすることができる。

⑥′　「ではないか₂」でも「か」を略した形が可能である。ただし、「ではないだろうか」や「ではないだろうか」「ではあるまいか」の「か」は略せない。

⑧′　「ではないか₂」は、ほとんどの場合、上昇音調で発音される。ただし、末尾が「〜かなあ」「〜かしら」などの場合には下降音調にもなる。

⑨′　「ではないか₂」では、「ではないか₁」と同様、「ない」にプロミネンスは与えられない。例えば、「どうも犯人は谷村じゃないか₂？」は、

　　〜タ「ニ」ムラジャナ「イカ？

と発音される。

　用法面に関しては、「ではないか₂」は推定を表現するものである。「らしい」「だろう」などに比べ、いっそう非断定的である。このことは、疑問文の形式を取っていることと無縁ではないであ

ろう。疑問の姿勢が専ら話し手自身に向けられれば自問となり、聞き手に(も)向けられれば、判断の提起や同意の要請となる。

　　何かの間違いじゃないか？
　　何が何でもこれよりは少しぐらいましじゃない？
　　雨でも降るんじゃないか？
　　新聞でも読んだら目が覚めるんじゃない？
　　(ヨク思イ出セナイケド)何か用事があるんじゃなかった？
「～かな(あ)」「～かしら」では、自問への傾きが強い。そして、話し手の利害に関わることがらの場合には、願望や危惧の感情が含意されやすい。

　　どこか違うんじゃないかなあ。
　　あしたこそはいい天気じゃないかなあ。(願望)
　　何か悪いことが起こる兆候じゃないかしら。(危惧)

　なお、ここで「ではないか₂」に関して述べたことがらの多くは、「ない」を伴わない肯定疑問文にも当てはまる。「もしかしたら犯人は谷村か？」は推定の表現たり得るし、「本当にこれで大丈夫かしら」は危惧の感情を伴い得る。しかし、このことを指摘しただけでは、「ではないか₂」の問題が片付くわけではないことに注意されたい。疑問文の形式が一般に推定に用い得ることが事実だとしても、この事実自体は、「犯人は谷村じゃないか？」のように「ない」を含みながらも推定の対象が否定命題にならないという事実を含意するものではないからである。このように非分析的な「ではないか₂」の内部構造の問題に立ち入る用意はないが、それにしても、せめてその非分析性を認識しておくことは重要である。

2.4　「ではないか₃」

これに対し、「ではないか₃」は分析的な表現であり、「か」の接続する対象が「〜ではない」の形をした表現であるというだけのものである。「ない」が否定辞本来の機能を保っているということでもある。
⑨″　このため、「ではないか₃」の「ない」にはプロミネンスが与えられる。例えば、「そうか、犯人は谷村じゃないか₃」では、
　　〜タ「ニ]ムラジャ「ナ]イカ
のように、「ない」の第一拍のところで音調が上昇する。
　ただ、このプロミネンスに関しては補足しておくべき点がある。それは、名詞のアクセント型ゆえに、「ない」に先行する（一拍化した）「じゃ」の部分で音調の下降が生じない場合には、「ない」のところで音調がさらに高まるとは限らないということである。例えば、「そうか、鯨は魚じゃないか₃」を考えると、「魚（サカナ）」が平板型アウセントの名詞であるため、
　　〜サ「カナジャ「ナ]イカ
のように「ない」にプロミネンスを与える発音に加え、
　　〜サ「カナジャナ]イカ
のように「ない」がプロミネンスを欠く発音も可能である。もっとも、二通りの発音は、厳密に区別されるものとして存在するのではなく、むしろ、相互に連続するものであろう。このように、平板型名詞の場合には、「ない」のプロミネンスの有無が中和される可能性があるわけである。
⑧″　文末の音調は、上昇と下降の両方が可能である。上昇音調では聞き手に対する発問や反問、下降音調では話し手の納得を表すことが多い。

⑥″ 「か」の省略は、上昇音調で発問や反問を表す場合に限り可能である。下降音調の納得の表現の場合には、「か」は略しがたい。

「ではないか₃」は、分析的な表現であり、否定疑問文に限定した視野からの説明は特に要しないはずである。が、念のために、「か」の用法をかりに三つの場合に分けて、文例を示しておく。（「か」の省略が可能な場合もある以上、「か」の用法と言うよりも、疑問文の用法とでもしたほうが正確ではあろう。）

まず、上昇音調にて、強い疑念を表出する場合がある。独語的に発せられることも、疑念が相手に向けられることもある。いずれの場合にせよ、疑念の表出は「か」の機能に負うものであり、「ではないか」全体の問題ではないことを強調しておく。

　　（鯨ガ魚デナイト君ハ言ウガ得心デキナイ。）本当に鯨は魚じゃないか？

　　本当におまえが盗んだんじゃないか？

次に、下降音調で、納得を表現する場合がある。ここでも、納得を表す働きは、専ら「か」に由来する。

　　（犯人は谷村でないと教えられて）そうか、犯人は谷村じゃないか。

　　（捜査報告を聞いて）そうか、犯人は谷村じゃなかったか。

　　（谷村ニハコレダケ完全ナありばいガアルノナラ）やはり谷村は犯人じゃないか。

最後に、話し手の強い見込みは伴わない中立的な発問の場合がある。文末音調は、上昇のみならず、下降も可能のようである。

　　（戻って来た捜査員に対し）どうだった？谷村は犯人じゃな

かったか？

あなたはアレルギー体質ではありませんか？

こうした文は、音調（特に、プロミネンスの有無）を変えれば推定の表現になる。このことは、「ではないか$_2$」と「ではないか$_3$」の連続性を示唆するものである。

3 形容詞・動詞を述語とする否定疑問文

「ではないか$_1$」は数々の点において「ではないか$_{2,3}$」と異なるものであった。結局のところ、「ではないか$_1$」は、文体上の変異を許しはするが、これ以上分解できない単一の文末形式と見るべきものだと思われる。これは、ちょうど、通時的に見れば形態的に分解可能な「だろう」が、「でしょう」などの文体的な変異形を持ちながらも、単一の形式と考えられるのと同じことである。

こうして「ではないか$_1$」を除外して考えると、「ではないか$_{2,3}$」に関する前節の考察は、名詞（を始めとして、「だ」の直前に来ることのできる表現）を述語とする否定疑問文に関するそれであったわけである。そこで、今や残された課題は、形容詞や動詞などの用言を述語とする否定疑問文の検討である。すなわち、名詞を述語とする否定疑問文

谷村じゃないか$_{2,3}$

谷村じゃなかったか$_{2,3}$

の検討に相当するものを、今や、形容詞を述語とする否定疑問文

小さくないか

小さくなかったか

や、動詞を述語とする否定疑問文

壊れないか

　　壊れなかったか

について行おうというわけである。

　形容詞や動詞を述語とする否定疑問文の場合にも、「ではないか$_2$」と「ではないか$_3$」の区別に相当するものが一応は認められるとしてよさそうである。以後、形容詞や動詞を述語とする否定疑問文を、「形-ないか$_2$」「形-ないか$_3$」「動-ないか$_2$」「動-ないか$_3$」のように表すことにする(「小さくありませんか」「壊れませんか」などの文体上の変異形も含める)。非存在を表す「ない」は動詞「ある」と否定辞「ない」が複合したものと見得る(その証拠に、丁寧体にすれば「ある」が現れて「ありません」となる)ので、存在・非存在を問題とする「ないか」は「動-ないか」に含まれるものとする。

　なお、表記を統一するために、これまでの「ではないか」には名詞文であれば「名」を加えて、「名-ではないか」のように表すことにする。また、述語の品詞が問題とならない場合には、例えば、「名-ではないか$_2$」「形-ないか$_2$」「動-ないか$_2$」を一括して、「第二類の否定疑問文」、「名-ではないか$_3$」「形-ないか$_3$」「動-ないか$_3$」を一括して、「第三類の否定疑問文」のように表現することにする。

3.1　「形-ないか」「動-ないか」におけるプロミネンス

　さて、「名-ではないか$_{2,3}$」の構文・音調上の特性の多くは、「形-ないか$_{2,3}$」「動-ないか$_{2,3}$」にもそのままあてはまる。例えば、「〜のか」「〜かしら」「〜だろう」などの形が可能であることもそうであるし、文末音調のあり方や「か」の省略の可能性もほぼ共通で

ある。

　「名-ではないか₂,₃」と「動-ないか₂,₃」の際立った相違は、後者においては、一見したところでは、プロミネンスの有無の対立がないということである。例えば、「そんなに乱暴に扱って壊れないか₂？」の音調は次のようになる。

　　〜コ「ワレ]ナイカ？

ところが、問題は「動-ないか₃」の音調である。「名-ではないか₃」では「ない」にプロミネンスが与えられたが、「動-ないか₃」では事情が異なり、「(相手の発言を受けて) そうか、壊れないか₃」は、

　　〜コ「ワレ]ナイカ

となり、「ない」にプロミネンスが与えられない。文末音調の相違を別とすれば、上の「動-ないか₂」の音調と同一になるわけである。(「壊れる」は起伏式動詞である。「泣く」「笑う」「着る」「する」などの平板式動詞でも、プロミネンスの有無の対立はない。ただ、上一段・下一段・サ行変格活用の二拍語の場合は「キ「ナイカ(着ないか)」「シ「ナイカ(しないか)」のように「ない」の第一拍の所で音調が上昇するが、やはり「動-ないか₂」と「動-ないか₃」に共通するものであり、プロミネンスと見ることはできない。)

　「名-ではないか」と「動-ないか」でプロミネンスに関する性質が全く異なるかのように見えるのであるが、実はそうではないことが次の観察から理解される。今の「そうか、壊れないか₃」に「は」を加えて、「そうか、壊れはしないか₃」として見ると、

　　〜コ「ワ]レハシ「ナ]イカ

のように、「ない」のプロミネンスが言わば復活するのである。(プ

ロミネンスは「ない」ではなく「しない」に与えられるとすべきかも知れない。）これに対し、「そんなに乱暴に扱って壊れないか₂？」の場合には、「～どこか壊れはしないか₂？」として見ても同様の復活は起きず、

　　～コ「ワ］レハシナ］イカ？

となる。同様に、「(ドウモ気ニナルノダガ) あの絵傾いてないか₂？」と「(相手の発言を受けて) そうか、傾いてないか₃」を比較しても、前者は、

　　～カ「タム］イテナ］イカ？

となるのに対し、後者は「ない」にプロミネンスが与えられて、

　　～カ「タム］イテ「ナ］イカ

となる。

　このことから、「動-ないか₃」は、抽象的な段階においては、「名-ではないか₃」の場合と同じように「ない」にプロミネンスを与えられているのだが、動詞-助動詞連続のアクセント型によって打ち消されるために、実際の音調として実現するときにはプロミネンスが消滅するものと解釈することができるであろう。

　他方、「形-ないか₂,₃」の音調は「名-ではないか₂,₃」の場合に準じる。例えば、「この靴では少し小さくないか₂？」では「ない」にプロミネンスが与えられず、

　　～チ「イ］サクナ］イカ？

となるのに対し、「(相手の発言を受けて) そうか、小さくないか₃」では「ない」にプロミネンスが与えられて、

　　～チ「イ］サク「ナ］イカ

となる。なお、「名-ではないか₃」の場合と同様、平板式形容詞の

時にはプロミネンスの有無の区別が不明瞭になる。例えば、「そうか赤くないか₃」では、「ない」の所で音調は必ずしも上昇しない。

3.2 「形-ないか₂」「動-ないか₂」

次に、「形-ないか₂」「動-ないか₂」の用法を整理しておく。

形容詞を述語とする文は、名詞を述語とする文と同様、人の意志や力では制御できない事実関係を表すのが典型である。こうした場合、「形-ないか₂」は、「名-ではないか₂」と同様、推定の表現となる。

　　この靴では少し小さくないか？
　　そうするほうがよくはないか？

もちろん、「動-ないか₂」が推定を表すこともある。

　　あの絵傾いてないか？
　　今何か物音がしなかったか？

「〜かなあ」「〜かしら」を伴う場合には、「名-ではないか₂」の場合と同様、話し手の願望や危惧を含意することが多い。

　　早く春にならないかなあ。（願望）
　　そんなに乱暴に扱って壊れないかしら。（危惧）

しかし、ここでも、話者はいわば傍観者として舞台上のできごとの成行きに関心を寄せているに過ぎない。早く春になるかどうか、壊れるかどうかは、あくまでも話し手の力の関与しない所で決まるものとして受け止められている。この意味で、願望や危惧を表すにせよ、推定の表現であることから大きく離脱しているわけではない。

ところが、動詞は、人の意志により実現させ得ることがらを表すことも多い。こうした場合、「動-ないか₂」は、事実の推定とい

うことを離れ、聞き手の行為を誘発するための表現となる。

　これ食べてみないか？（勧め）

　そろそろ行かないか？（誘い）

　ちょっと手伝ってくれない？（依頼）

もっとも、推定から誘導に至るあいだには、双方の性格をあわせ持つと見られる中間的なものも認められる。

　君も行って見たくないか？

　ねえ、きれいだと思わない？

これらは、相手の考えや希望を尋ねているとも言えるし、それを特定の方向に導こうとしているものとも言えよう。

3.3　「形-ないか$_3$」「動-ないか$_3$」

　「形-ないか$_3$」「動-ないか$_3$」の用法については、「名-ではないか$_3$」のときと同じように、三通りに分けて例示しておく。

　まず、反問や自問の用法がある。

　　本当にあの絵傾いてないか？

　　一度も会ったことがないか？

　第二に、納得を表す場合がある。

　　（相手の発言を受けて）そうか、傾いてないか。

　　仕方ない、あきらめるしかないか。

　　そうか、あれだけ練習しても勝てなかったか。

　第三が、普通の発問の場合である。

　　（扉を開けようと四苦八苦している人に対して）扉、開きませんか？

　　何も忘れ物はない？

　　（イイコトヲ教エテヤルケド）絶対に誰にも話さないか？

そんなことをしてちっとも恥しくないか？

　そこで谷村に合わなかったか？

　ここに至って、「形-ないか$_2$」「動-ないか$_2$」との連続性が再び問題となるが、この点は問わないことにする。

　「形-ないか$_3$」「動-ないか$_3$」は分析的な表現であり、上の例示で事足りると思われるが、次のように命令を表す用法だけは、慣用表現としての性格が強く、独立に指摘しておく必要がある。

　さっさと片付けないか。

厳密には、命令よりは催促の用法とすべきであろう。眼前の相手が行動を起こそうとしないのに接して、行動を促すという場合に限られるからである。これは、「?明日片付けないか」という言い方が不可能であることから明らかであろう。これは、普通の命令文ならば、「明日片付けろ」が可能であるという事実と対照的である。この催促の用法は、強いて言えば、納得を表す「動-ないか$_3$」に近いものであると思われる。[5]

4　まとめ

　念のために否定疑問文の下位類型のあり方を整理して示せば、次の表のようになる。第一類の否定疑問文を「甲種」、第二類・第三類の否定疑問文を「乙種」としておく。

甲種	［名詞、用言］ではないか$_1$	（例）やあ、谷村じゃないか。
乙種	［名詞］ではないか$_2$ ［形容詞］ないか$_2$ ［動詞］ないか$_2$	どうも犯人は谷村じゃないか？ この靴では少し小さくないか？ あの絵傾いてないか？
	［名詞］ではないか$_3$ ［形容詞］ないか$_3$ ［動詞］ないか$_3$	そうか、犯人は谷村じゃないか。 え？これがおいしくないか？ 絶対誰にも話さないか？

注

1）補説Cは、拙論「否定疑問文小考」（『国語学』第152集、1988年）の主要部分に、わずかな修正を施したものである。

なお、否定疑問文に関する論考で、見るべきものとしては、森田良行氏『基礎日本語1』（角川書店、1977年、339〜343頁）、山口堯二氏「疑問表現の否定」（『国語と国文学』第61巻第7号、1977年）、仁田義雄氏「日本語疑問表現の諸相」（『言語学の視界――小泉保教授還暦記念論文集――』、大学書林、1987年）などがある。

2）ここで述べた「ではないか$_1$」の構文的な性質は、「なら（ば）」や「だろう」にも共通するものである。

3）もっとも、「そう言ったじゃないか$_1$」の意味で「そう言ったじゃなかったか$_1$」と言い、「やはり谷村だったじゃないか$_1$」の意味で「やはり谷村（だった）じゃなかったか$_1$」と言うことも、ごく稀には行われるようである。

4）ほかに適当な表現がないので、一種の慣例に従って「プロミネンス」とするが、適切な用語法ではない。と言うのも、「ない」に「プロミネンス」を与えるかどうかは、話者の随意の選択に委ねられては

いないからである。強調や対比の目的で、文の所望の部分の発音を随意に際立たせる、典型的な「プロミネンス」とは性格を異にするのである。なお、音調の表記法については川上蓁氏の諸論考を参考にした。

　5）行為をするように相手に働きかけるものであることを考えると、催促の「動-ないか」は、勧めや誘いの「動-ないか$_2$」と同類の表現ではないかと考えられるかも知れない。

　しかしながら、催促の「動-ないか」は、むしろ、納得を表す「動-ないか$_3$」に近いと見た方がよい。「片付けないか」は、相手が片付けようとしない事実を受け、それを表現する否定表現「片付けない」に「か」を加えて表出するものだと思われるのである。(イ)まず、眼前の相手に行動を促す形での命令に限られるという事実が、そうした見方（否定的事実を受けての表出であるとする見方）に符号する。(ロ)また、催促の「動-ないか」では「か」が省略できず、これも納得の「動-ないか$_3$」との類縁性を示唆する。他方、勧誘の場合には「行かない？」のように「か」を略した言い方が可能である。(ハ)さらに、勧誘の場合だと、「行かないか？」から「ない」を除いて「行くか？」としても、やはり勧誘の表現が得られる。これに対し、催促であるためには「ない」を含んでいることが欠かせない。催促の「片付けないか」では、勧誘の「行かないか？」の場合と異なり、「ない」が否定命題の構成という否定辞本来の機能を果していると言える。(ニ)最後に、前項に関連するが、「これだけ言い聞かせても、まだわからないことを言うか」（この例は山口堯二氏の上掲論文より借用）のような文が可能であり、催促の「動-ないか」とちょうど対称的な機能を有する。すなわち、眼前で行われつつある相手の行為を述べ、それに対する非難の感情（ひいては行為の禁止）を表現するのに用いられる。二者を同一の表現類型と見ることが妥当だとすれば、両者から「か」を抽出しさえすれば（すなわち、「片付けないか」の「片付けない」の内部に

まで立ち入らなくても)分析が完了することになる。つまり、催促の「片付けないか」は、通常の否定表現に「か」が付加されたものとして(すなわち、「動-ないか₃」として) 解釈されることになる。

　ただ、厳密を期するためには、催促の「動-ないか」がもはや典型的な「動-ないか₃」の地位を失い、慣用的表現としての独立性を獲得しているということも認めておかなければならない。と言うのは、「さっさと片付けないか」が、かりに、純粋な「動-ないか₃」であるとするならば、その構造は、

　　　[さっさと片付けない] か

となるはずである。しかしながら、この構造は単独では不可能な構造([…] 内の部分) を含んでおり、認めることはできない。

　以上を要すれば、催促の「動-ないか」は、元来「動-ないか₃」なのであるが、固定慣用化を通じてその分析性を弱めているものと推定されるということである。

補説D 「のダ」の研究史（付 文献目録）

 ここでは、「のダ」に関する過去の研究の流れを、本書の立場からの批評を交えながら概観する。その際、過去の研究をいくつかの類に分けて記述することにするが、これは主に読みやすさを考えてのことであり、絶対的な区分を意図しているわけではない。
 以後、引用箇所において【 】で囲んだ部分は、引用に際しての補足や注記である。

1 断定の助動詞の接続の観点からの言及

 いわゆる断定の助動詞「だ」「です」は、体言にはそのまま接続するが、用言に対しては「の」またはその音便形「ん」を介してその連体形に接続する。これが、明治期以来の口語文法の研究において「のダ」に言及がなされる際の一般的な形式の一つである。
 例えば、初期の口語文法書の一つである**鈴木**(1906)は、
> 「です」「でせ」「でし」が用言の第一活用形【連体形のこと】に添ふ如く見ゆる事あるは実は、其の間に、体言と同資格の「の」を挿み居るものにして、決して、用言と直接に連続するものにはあらず。即ち「の」は、発音の便にて、撥音「ん」となるが故に、時として、吾人の注意を引かざるのみ。

と述べ、
> 美しい**ん**でしょー。
> そんなに高い**ん**ですか。

早速参る<u>ん</u>でしたのに。

を例として挙げている。同様に、**臼田**(1909)にも、

> 【「だ」「です」は】動詞及び形容詞には、直ちに其の第四活段【連体形のこと】に附く場合と、中間に名詞の代りに用ゐる「の」を夾んで附く場合とある。此の場合の「の」は、多くは音便で「ん」と呼ばれる。

という記述が見られる。このような形の記述は、今日に至るまで繰り返し行われている。

この種の記述においては、一般に、「のダ」の意味・用法にはほとんど関心が向けられていない。また、断定の助動詞の接続という観点からの記述であるため、終助詞とされることのある文末の「の」との関連、「のか」や「のね」のように終助詞を伴う「の」との関連、「のではない」「のなら」「のだった」などの言い方との関連についても配慮が見られない。

初期の口語文法書の中には、「書くんだ」のような形を動詞の一活用形と見る**松下**(1901)、「のだ」を一つの助動詞とする**大槻**(1916)などもあるが、やはり意味・用法には触れられていない。

2　意味・用法の分析と記述

2.1　外国人学習者のための文法書

「のダ」の意味・用法に関する記述は、外国人学習者のための口語文法書に始まる。以下に、筆者が接することのできたもののうち二三のものから引用する。

まず、明治中期の Chamberlain(1888)は、「後置詞『の』」の用法を列挙する中で、次のように述べている。

> ぞんざいな話し方をする者にあっては、「の」が文末に付加され、ある程度の疑問の意を表すことがある。例えば、「あるか？」の代わりに、「あるの？」("Is there?", "Do you mean to say that there is?") と言うがごときである。

説明のほうには、「の」は疑問の意を表すとあるだけであるが、「あるの？」という例文に添えられた第二の英文（"Do you mean to say that there is?"「あなたは、あると言おうとしているわけですか？」）から、文末の「の」が単に発問を表すだけではなく、相手に確認を求めたり相手を問い正したりする働きを持っていることを Chamberlain が理解していたことが知られる。そして、このような「の」は、次に述べる「のだ」「のです」と同じものと考えたほうがよかろうと指摘したうえで、

> また、「の」は、文末に近い位置、特に、「だ」「です」の前に現れ、一種の強調を表すこともある。これは、非常によく用いられる言い方である。

と述べ、

> 何をするんです？ (What is it that you are doing?)
> まっすぐに行くんですか？ (Am I to go straight on?)

などの例を挙げている。

「の」は疑問を表し、「のだ」は強調を表すとしているようなところは、現在のわれわれの目から見れば、あまりに素朴で不十分な記述である。しかし、「の」で終わる疑問文が確認や念押しに用いられることを指摘し、「のだ」と文末の「の」との関連を見抜いたところなどは、当時の口語研究の水準を考えあわせるならば、高く評価すべきものであろう。

大宮(1907)も、同じく「の」の用法を論じる中で、

用于現在動詞下【中略】以表示企図試志之意。又有説明動作行動之意、而多其下伴デス。

と述べている。「のだ」の用法の記述において「説明」という表現を用いたものとしては、筆者の接し得た文献の中でこれが最初のものである。大宮は、次のような文を二十例ばかり挙げている。

彼ハ東京デ医ヲ開業スルノデス。

私ハ作文ヲ稽古シテヰルノデスガ汝ハ何ヲシテヰマスカ。

歴史ヲ学ンデ自分ノ修養ニスルノデス。

大宮の挙げた例の中には、

博覧会ヘ行クノハ大層結構デス。

のように異質なものも含まれていたりはするが、「のだ」の用法を「企図や試志の表示、動作や行動の説明」のように明確に規定しようとしている点、また、そのような規定だけで説明できるかどうかは別としても多様な用例を示している点が評価される。

松本(1919)は、「だろう」と「のだろう」の意味の違いについて、

【「だ」を「だろう」の形で】想像ニ用ヒル場合ニハ、ノヲ挿ムト挿マナイトデ、意味ガ少シ違ヒマス。即<u>ダラウ</u>ハ漫然タル想像デ、<u>ノダラウ</u>ハ、前ニ挙ゲタ事実ヲ根拠トシテ、想像スル詞デス。

と述べ、次のような例を挙げている。

アレハ、実力ガ無イ<u>ダラウ</u>。

アレハ、度々落第バカリシテ居ルカラ多分実力ガ無イ<u>ノダラウ</u>。

今日ハ授業ガ有ル<u>ダラウカ</u>、無イ<u>ダラウカ</u>。

　　　今迄、何トモ掲示ガ出ナイノヲ見ルト、無論有ルノ（ン）<u>ダラウ</u>。

筆者の感覚からすると、松本の挙げている「のだろう」の文から「の」を取り去った場合、文の意味は変化するにしても、文法的な表現であることには変わりがないように思われる。つまり、「前ニ挙ゲタ事実ヲ根拠トシテ、想像スル」場合でも、「のだろう」が用いられるとは限らず、「だろう」を用いることも可能だと思われる。とすれば、上に引用した松本の一般化は不十分であると言わざるを得ない。ただ、「のだろう」、あるいは一般に「のダ」が、「前ニ挙ゲタ事実」との関連において何かを表現するときに用いられることが多いということは事実である。松本の指摘をそうした事実の部分的な観察と見るならば、そこに意義を見出すことも不可能ではない。[2]

　なお、**王**(1935)、**陳**(1941)にも同旨の説明が見えるが、松本の記述を借用したものと思われる。

2.2　戦前期

　外国人向けの学習書以外の初期の口語文法書に目を転じると、その多くは、「のダ」に一切触れていないか、もしくは、すでに見たように、断定の助動詞の接続という見地からの記述にとどまり、意味・用法は省みられていないかのいずれかである。

　「のダ」の意味・用法に触れている初期のものとしては、**三矢**(1908)がある。三矢は、「名詞に附くテニヲハ」の「の」の「体言に代る」用法を論じる中で、

　　　用言の連体法の下にあるべき体言の代に、<u>の</u>を用うること口

> 語一般の例なり。文語にては連体法そのまゝを体言として別にのを添ふることなし。此ののは場合により<u>事者考積訳実情状態所</u>など種々に変るなり。

と述べ、次のような例を挙げている。括弧内は、「下にあるべき体言」を添えたものである。

　　私は漢学を<u>やるの</u>(考)だ。

　　君は何時<u>帰るの</u>(都合)か。

　　彼は<u>貧乏なの</u>(実情)。

　　御宅は随分<u>遠いん</u>(所、実際)ですな。

　　雨が<u>降るの</u>(実情)か知らん。

確かに、「のダ」の用例に当たっていくと、その働きが微妙で、漠然とした言い方にはなるが、「実情」を表しているとでも言わなければならない場合が少なくない。この意味では、三矢の記述は、「のダ」の機能の核心的な部分に迫ったものと言うこともできる。ただ、「のダ」が三矢の言うように「事」「者」「考」「所」などの名詞で置き換え得るような働きをすることは事実であるが、そうした種々の意味は、「のダ」の基本的な性格と、文脈その他の要因との兼ね合いによって生じるものと言うべきであろう。

　「のだ」の「の」、文末の「の」、「～のか知らん」の「の」などを同一のものと認めている点は評価されるが、

　　<u>言ふの</u>(コト)は易い。

　　洋服で<u>坐るな</u>あ困るなあ。

のような「の」の用法も一緒に扱われており、「のダ」という範疇が積極的に認められているわけではない。これは、下の松下(1924)にも共通することである。

保科(1911)は、助詞「の」が「感嘆又わ疑問の意をあらわす」として、

　　ソレデオ母サン、今日来タ<u>ノ</u>？
　　ソンナコト私ワ知ラナイ<u>ノ</u>。

を例として挙げている。

　松下(1924)は、「形式名詞『の』」の用法を列挙しているが、その第三、第四の用法が「のダ」の用法にほぼ相当する。第三の用法とは、「名詞性動詞の名詞部になって其の事情を表はす」ものであり、

　　僕は日曜は閑な<u>の</u>だ。
　　君は何処に居る<u>ん</u>です。
　　それはどなたが下すった<u>の</u>？
　　善い<u>の</u>ねえ！

が例として挙げられている。「其の事情を表はす」とは漠然とした言い方であるが、「のダ」の「の」が「実情」で置き換えられることがあるとの三矢の指摘と同じようなことが意図されているものと思われる。第四の用法としては、「名詞性動詞の名詞部になって意志的当然(命令、決心)を表はす。『べし』の意になる。」ことが指摘されている。

　　いけないつて云つたら、はいつて云つてやめる<u>の</u>よ。
　　何、入学試験か。兎に角受けて見る<u>ん</u>だなあ。

また、松下は、動詞によっては「(季節が)やうやう春になつた」「国を出て(年数が)三年になつた」のように主語を表現しなくてもよい現象について論じた箇所で、

　　これら一定してゐる主体の中には殆ど捉へ難いやうな観念な

のもある。

> 私昨日お花見に参りました<u>んです</u>よ。そうしたら帰りに雨に逢つてしまひましたは。

の「んです」に対する主体は「私が今お話しようと思ふ事件の前提」といふことであらうが一寸捉へにくい。「……のです」の主体観念は最も捉へにくい。

と述べ、さらに次のような例を挙げている。括弧内の語は「その捉へにくい観念を仮に概念化して見た」ものである。

> （世の中の真理は）世の中に神といふものが有る<u>のです</u>か無<u>いのです</u>か。
>
> あの方は（其の事情が）まう来ない<u>のです</u>か。
>
> （事情が）全く頭が悪い<u>のです</u>。

「のだ」で終わる文を、「～は～のだ」（一部の例については、「～が～のだ」とされているが）の形をした文から主題の「～は」が省略されたものと見るわけである。このような見解は、以後、形を変えながらも、三上(1953a)、北原(1967、1981a、1981b)、林(1973)、山口(1975、1983)、寺村(1980、1981、1984)などに繰り返し現れるのであるが、上に引用した松下の記述をそうした見解の最初のものと見ることができる。「のダ」を含むすべての文をこのように理解しようとすることには無理があるように思われるかも知れないが、「のダ」の意味・用法の多様性を理解する上で重要な意味を持つ。

後藤(1932)は、「の」の用法の一つとして、次のように述べている。

> 指示のテニヲハ、従つて意味を強める用をなす。又、理由を

質問又は説明する用をなす。

　　何故泣くの？（何故泣くのですか？）
　　歯が痛いの。（歯が痛いのです。）
　　歯が痛いのかも知れない。（歯が痛いからかも知れない。）
理由を説明する文だけでなく、「なぜ」を伴って理由を尋ねる疑問文において「のダ」がしばしば用いられることの指摘としては、これが最初のものである。一方、「のだ」が「意味を強める」働きをするとの記述は、Chamberlain (1888)以来、現在に至るまで繰り返されているが、「のだ」に強意や強調の働きがあると言えるかどうか、はなはだ疑わしい。

三上(1943)は、「のだ」で終わる文が文脈上の要請に応えて説明を与えるために用いられることを指摘している。三上の説明によると、「甲ガ乙ニ本ヲ貸シタ」が、「単純報告体とも言ふべく、主観を交へずに事実その儘を素直に述べ」るものであるのに対し、「のだ」を加えた「甲ガ乙ニ本ヲ貸シタノダ」は、

　　相手の要求を受けるなり察しるなりして説明するといふ気持
　　のものである。問答を一体と見れば上半分の問ひに対する下
　　半分の答なのである。だからこれだけ聞くと押しつけがまし
　　い調子を感じる。

「のだ」がしばしば相手の要求に応える形で使われるのは事実であるが、「のだ」の「押しつけがましい調子」が三上の言うような理由で生じるものかどうかは疑問である。

三上はさらに進んで、あることがらを前提とした上でそこに欠けた情報を提供するのに「のだ」が用いられることを指摘する。

　　しかし説明には要点がなければならぬ。前掲の如く補語三つ

を揃へた説明体【「甲が乙に本を貸したのだ」のような文】などは実は稀なのであつて、要点のありかに従つて

　　甲、甲ガ貸シタノダ
　　乙、乙ニ貸シタノダ
　　丙、本ヲ貸シタノダ
　　丁、貸シタノダ（ヤツタノデハナイ）

の何れかにした方が趣旨がはつきりする。このやうな説明体に於てはじめて心理上の前後が生じる。甲例なら、既知再生の「貸シタ」に対して初出の「甲ガ」を以て応じたセンテンスである。前の報告体【「甲が乙に本を貸した」の文】では全文が聞手に取つては初耳の筈である。だから、"Who has arrived?"を前提とする "Henry has arrived." の如く題目タイ解説の関係を含む英文を「変痢ガ到着シタ」と訳しては拙いので、正しくは「変痢ガ到着シタノダ」とすべきだらう。

「のだ」で終わる文の使用における前提の役割を早くも指摘したものとして注目に値する。もっとも、「のダ」が常にそうした前提に基づいて用いられるものではないということにも、注意しておく必要がある。

　藤原(1944)は、「の」を「女子用の文末助詞」とし、「対手の注意を促す」とき、「自分のことを報告的に話す」とき、「発問」するときに用いられると分析している。藤原の挙げている文例から各用法ごとに一例ずつ示す。

　　三郎さん、遊んでばかりゐてはだめぢやない<u>の</u>。
　　この間ね。一週間ほど、わたし旅行しました<u>の</u>。
　　母ちやん、何処へ行く<u>の</u>？──ちよつとお使ひよ。

第一の例におけるような「〜じゃないの」の「の」については、これを「のダ」の「の」と見ることに問題がある(第11章参照)ので、ここでは問題としない。他方、第二、第三の例における「の」は、「のダ」の「の」と見るべきものであり、まず、これを終助詞(藤原の用語では、「文末助詞」)とする慣習は正当化し得ない(下述の奥津(1964)参照)。

　用法の記述について言えば、確かに、「のだ」は、話し手の内心や個人的な事情を告白するようなときによく用いられる。この意味で、藤原が、第二の例の「の」について、「自分のことを報告的に話す」としているのは、重要な指摘である。ただ、必ずしも「自分のこと」とは限らず、「自分だけが知り得るようなことがら」とでも言うほうが正確ではある。第三の例については、これが疑問文であることは明白な事実であるが、そこに含まれる「の」の働きを「発問」とするのは適切な見方ではない。文末の「の」が疑問を表すとの記述はChamberlain(1888)以来、繰り返されているが、これには問題がある。なぜならば、そうした見方をするということは、ちょうど、

　　あなたも行くわけ？

における「わけ」の働きを疑問を表すことだと考えたり、さらには、

　　これはあなたの本？
　　あなたも行く？

における「本」や「行く」の働きを疑問を表すことだと考えたりすることに等しいからである。「わけ」「本」「行く」が疑問文の述語(の一部)として用いられていることは事実であるが、だからと

言って、終助詞の「か」が疑問を表すと言うのと同じ意味において、「わけ」「本」「行く」が疑問を表すと言うことができないことは明らかであろう。「のダ」の現れの一つの形である文末の「の」においても事情は全く同じであり、その働きは疑問ということとは別のところに求めなければならない。[3)]

2.3 戦後期

松村(1947)は多数の用例に基づいて考察し、後藤(1932)と同様の結論を得ている。

> 【「のだ」や「のです」は】上の叙述をさらに強める場合や他に説明する場合などに用いられるのである。

松村は、考察の範囲を「のだろう」にまで広げ、

> 「のでしよう」「のだろう」は、「のです」「のだ」の推量形ともいうべきもので、「のです」「のだ」に推量の意味の加わったものである。この場合は、単なる推量をあらわすのではなく、いつももとの「のです」「のだ」の意味を存している。

と指摘しているが、その働きに関しては、強意や説明などといった分析にとどまっている。

三尾(1948)においては、「のだ」の有無による文意の差が、彼の言う「現象文」と「判断文」の区別を通して考えられている。つまり、「のだ」を伴わない「雨が降ってる」のような文は現象文であり、

> 現象文は現象をありのまま、そのままをうつしたものである。判断の加工をほどこさないで、感官を通して心にうつつたままを、そのまま表現した文である。現象と表現との間に何のすきまもない。現象と表現との間に話手の主観がまつたくは

いりこまないのであるから、そこには主観の責任問題はない。とされる。三上(1943)の言う「単純報告体」に相当する。これに対し、「雨が降ってるのだ」のように「のだ」で終わる文は判断文である。判断文は「課題にたいする解決」を与えるものであり、三尾は次のように述べている。

> 【判断】文に表現されてある事態は単に表現の上にうちたてられた事態であつて、事実そのものではない。だから、表現の上の事態が事実(対象)と一致すれば、そこにこの表現は正しという主張が生まれるわけである。判断文における判断作用は、この事態と事実との一致を断定し主張するものである。これは主観の内がわで、主観の権利によつてなされるものである。

三尾の言う現象文において、「のだ」が用いられないということは確かである。しかし、判断文が必ず「のだ」を伴うわけではないから、現象文と判断文の区別に直接基づいて「のだ」を考えることはできない。

さらに、三尾は、判断文の一種である「転位文」における「のだ」の使用に着目する。三尾(1960)から例を引くと、

> 私がここへごみを捨てたのです。
> 雪が白く見えるのです。

の二文は、それぞれ、

> ここへごみを捨てたのは、私がごみを捨てたのです。
> 白く見えるのは、雪が白く見えるのです。

の前半部分が取り除かれて得られるものと三尾は考える。「のだ」で終わる文が、ある前提に基づいて用いられるとの三上(1943)の

指摘があったが、そのことを文の成立の面から解釈し直したものと言えよう。

永野(1951)は、「準体助詞『の』」の一つの用法として、

> 判断辞と結びついて、根拠のある説明、理由の提出、回想、二重判断、強調などの意を表わす。

と述べている。永野によって新たに報告された「のだ」の用法は、「回想」と「二重判断」とである。前者は、永野の挙げた用例の中では、

> 母上にはそれが堪えられない<u>のであった</u>。
> 数絵は、こころからほっとして言わずにはいられない<u>のでした</u>。

のような例における「のだった」の用法を指しているものと思われる。これに対し、後者の「二重判断」の名は後の研究において何度か引用されるものであるが、これがはたして有意味な記述であると言えるのか、疑わしい。永野は「二重判断」の用法に説明を与えておらず、また彼の挙げた例のうちどれがこの用法に相当するのかも明らかにしていない。推察するに、「二重判断」とは、例えば「行くのだ」について言えば、まず動詞「行く」が一つの判断を表す、その判断をさらに「のだ」を用いて再び判断する、そこに二重の判断があると言うものと思われる。現に、林(1964)においては、「のだ」が二番目の判断を担うと明言されている。

> ノは、いったん判断された内容を、もう一度なんらかの判断の材料にするためのはたらき、いわば、客体化、概念化のはたらきをする。【中略】ノ(ダ)は、かくて二重判断の第二次の判断にあずかる。しかじかという判断(の内容・事実)が成立

する、という判断に関係する。
しかし、「のだ」が「二重判断」を表すとの主張には、「行くのだ」が用言を二つ含んでいるということを単に言い換えたものという以上の意味は見出しがたい。

　三上(1953a)は、「のだ」「のだった」を時制の一種と考える。(ただし、時制という言い方が便宜的なものであり、「のだ」の機能は「テンスばかりではなく、ムウド的なもの、アスペクト的なものにわたっている」と三上は断わっている。)

> 「何々スル、シタ」の単純時に対し「何々スル、シタ＋ノデアル、アッタ」を反省時と呼んで対立させる。

そして、「のだ」の表す意味については、次のように述べている。

> 「何々スル」を既成命題とし、それに話手の主観的責任の準詞部分「ノデアル」を添えて提出するというのが反省時の根本的意味だろうと思う。【中略】「何々シタ」はいきなり言う言方であり、反省時の方は連体命題「何々シタ」と提出「ノデアル」との間に隙間というか余裕というか、或る反省的な距りが介在する。だから単なる報告でなく解説という調子が出てくる。

「既成命題」を「話手の主観的責任」において提出することを、「のだ」の「根本的意味」と見るわけである。「のだ」ないし「のダ」の多様な意味・用法を認めながらも、そこに抽象的な「根本的意味」なり「本質」なりを見出そうとする試みは現在までにいくつか提出されているのであるが、この三上(1953a)などをそうした試みの最初期のものと見ることができる。ただ、「反省的な距りが介在する」と言い、さらには、それゆえに「解説という調子

が出てくる」とするのは、よほど好意的に受け止めないかぎり、漠然としていて主観的に過ぎる言い方のように思われる。

しかしながら、「既成」という表現の意味するところをさらに明確にする必要はあるが、結論的に言って、「のだ」が「既成命題」を表すとする三上の見解は「のダ」の基本的な性格をよく捉えたものであると思われる。ただ、そうした見解がかりに正しいものだということになったとしても、それで「のダ」の意味・用法の問題がすべて片付くわけではない。それはあくまでも具体的な意味・用法から種々の性質を切り捨てて初めて得られる抽象的な見解であって、「のダ」をめぐる個々の現象の分析と記述が終わったことを意味するわけではないし、さらに、「のダ」がそもそもなぜそのような性格を持つのかという根本的な問題にも説明を与える必要があるからである。

他方、既成命題を「話手の主観的責任」において提出するとのくだりであるが、「のだ」や「のである」のような表現だけについて考えているかぎりは、特に問題はないかも知れない。けれども、広く「のダ」一般について考えようとすると、「話手の主観的責任」ということは必ずしも言えなくなる。このことは、例えば、「君も行くのか？」のような疑問文や、「君も行くのなら〜」のような仮定表現においては、「君も行く」ことが事実であると話し手が請け合っているわけではないことを考えれば明らかであろう。

意味・用法の具体的な事実面に関しては、三上は、第一に、「のだ」が「多分」「つまり」などの表現と「呼応」して用いられるものだという観察を行っている。「多分」や「つまり」などがあっても必ずしも「のだ」が使われるわけではないが、そうした傾向が

認められることは事実であり、しかも、特に「つまり」との「呼応」は、「のダ」の性格を反映した重要な事実であると思われる。

また、「のだ」で終わる文の先頭には、「それは」という表現を補って、前文との「つながりを表面化すること」ができると述べている。例えば、

　　寺田ハ【中略】史学雑誌ノ編輯ヲヤメサセラレタ。【中略】半月モ編輯所ヘ顔ヲ見セナカツタノダ。

の第二文の冒頭に「それは」を加えて、「それは、半月も編輯所へ顔を見せなかったのだ」のようにすることができるというわけである。「のだ」で終わる文を「～は～のだ」の形の表現に関連付ける見方の一つと言ってよいが、三上は、「のだ」で終わる文が「このような心持で使われる」ことを示したかっただけであると思われるので、評価は後の研究のところに譲る。

最後に、三上は、「のだった」を「のだ」と対比し、「のだ」では「強く出る解説の調子」が、「のだった」では「非常に薄ら」ぐとしている。ただ、三上(1953a)には「のだった」の用例があまり挙げられておらず、一般化も熟していない(「のだった」の意味を「結果たる完了一点張」としている)ので、後の三上(1963)から例文と分析を引くことにする。次のような例においては、「のだった」は、「過去における現在または過去(大過去)という客観的な意味」を表すとされる。

　　彼に言わせると、俳句はもはや文学ではないノダッタ。

また、「のだった」は、このように「客観的な意味」を表すと同時に、「後悔(事実の反対)を表す」こともある。

　　もっと勇気を出して、折るンダッタ。

折るノデはなかった。悪いことをした。

ここでは、次の二点を確認しておくことにしたい。まず、「のだった」では「解説の調子」が「非常に薄ら」ぐとあるのは、(「解説の調子」「非常に」という表現の取り方にもよるが)事実に反することである。「のだった」が、「のだ」と同様に、すでに述べられたことに対する解説を表すことが多いということは、現実の用例が立証している。

燎平は金子と顔を見合わせて、照れ臭そうに頭をかいた。プレゼントのことなど、きれいに忘れていたのだった。

第二の点は、「後悔を表す」用法(および、後の寺村(1971)が指摘している想起の用法)を除くと、「のだった」は、「のだ」とは異なり、書きことばでしか用いられないということである。しかも、表現の視点を過去の現場に据え、特殊な文体的効果をねらった言い方である。「のダ」と「た」が組み合わせられるときに、なぜこのようなことになるかということは、考えてみる必要があろう。

三上(1953b)は、久野(1973)の言う「総記」の「が」の用法を論じる中で、次のように述べている。

単に

鯨ガ哺乳動物ダ

などと言ったら日本文としては落第だが、二回目の気持で

鯱デハナク、鯨ガ哺乳動物ナノダ

という正誤訂正的な言方ならおかしくない。しかも、指定に付きものの「ノダ」がよく付く。

この「正誤訂正」の機能も、「のだ」の重要な働きの一つであると言ってよい。

金田一(1955)は、日本語の文法の一つの特色として「のだ」に触れ、次のように書いている。

> ノダは、動詞・形容詞の連体形に付き、元来、"事態ハ…ト説明サレル"といふやうな意味を持つ。
>
> 　　例：彼ワモー抵抗シナカッタ。諦メタ*ノダ*。
>
> しかし、転じて、断定その他種々の話し手の気持を表はすのにも用ゐられる。
>
> 　　例：ボクワドーシテモキョー行ク*ノダ*。(決意)/モーオ前ワ帰ル*ノダ*。(命令)

挙げられたそれぞれの用法はすでに指摘されているものであるが、ここで目新しいのは、説明の機能を「元来」のものとし、断定したり決意や命令を表したりする用法を派生的なものとする見方である。「のだ」ないし「のダ」の基本的な働きを説明ということに求める見解は、金田一によって明確な形で表明されて以来、後のAlfonso(1966)や久野(1973)を通じ、現在に至るまで広い支持を得ている。(金田一は通時的に「のだ」の「元来」の働きを推定していると思われるのに対し、後の研究では共時的な観点からの抽象が意図されているという違いはある。)しかし、下述するように、「のダ」の意味・用法の多様性を考えると、その基本的な働きを説明ということに求める見解には無理があると言わざるを得ない。

風間(1962)は、「どうして〜のか」や「どうして〜のだろう」に加えて、「なんて〜のだろう」の形の「呼応」を認め、

> ?夜は大地がなんて見知らぬ世界のように見えるだろう、と溜息をついた。

のような文には「の」を入れて「～見えるのだろう」としなければ文の座りが悪いということを指摘している。そして、

　　「なんて」は、「の」との呼応が、「なぜ」や「どうして」の場合よりも、もっと、きっちりしているようです。

と述べている。

　島田(1963)は、「のだ」が、先行する文を説明するだけでなく、後続する文を説明するのにも用いられると指摘している。「説明」という語を用いるのが適当であるかどうか疑問であるが、後の阪田・倉持(1980)の言う、「話題を展開させるための前提となる事柄を『のだ』によって取り上げ、聞き手の関心を引き付けようと」する用法に基本的に等しいものと思われる。松下(1924)がそうした用例を一つだけ挙げていることはすでに見たが、次の例は阪田・倉持の挙げているものである。

　　また石油が値上がりするんですよ。私たちの暮らしもますます苦しくなりますね。

　　今度、隣の部屋に留学生が引っ越して来たんですよ。日本語が話せないのかと思ったら、とても上手でした。

　「のだ」が理由を問う疑問文において用いられるという後藤(1932)の指摘には上で触れたが、**林**(1964)は、理由を尋ねる表現だけではなく、いわゆる疑問詞を含む疑問文一般に通じるものと見る。

　　ノ(ダ)は、「どうして」「なぜ」「だれが」「いつ」「なにを」などの疑問のことばと相伴って用いられる。また、そのような疑問に答えるべきセンテンスに用いられる。

この記述自体に誤りはないが、理由を尋ねる「どうして」や「な

ぜ」にはほとんど例外なく「のか」が伴うのに対し、「誰」「何」「いつ」などの場合には「のか」が必ずしも用いられないという相違があることも事実である。

　林は、書きことばにおいては「のだ」や「のである」がしばしば段落の最後に現れるということを指摘している。これは、三上(1953a)の指摘した「つまり」と「のだ」の「呼応」の事実とともに、「のダ」の性格を反映した重要な事実であると言ってよい。

　次に来るAlfonso(1966)には、「のダ」の意味・用法についての詳細な記述が見られ、それ以前に断片的に指摘されていた意味・用法の大部分を包摂する形になっている。Alfonsoによる新たな指摘は、以下の四点である。

　第一に、Alfonsoは、「のだ」を、文脈や状況の中のことがらに対する説明を与えるものとしたうえで、一口に説明と言っても、原因や理由を述べる説明とは限らず、種々の説明が可能であることを指摘する。例えば、

　　これはギニアの切手です。友達にもらったんです。
においては、切手の入手方法が説明されている。Alfonsoは、「のだ」について理解するためには、それが用いられる種々の状況を見て学ぶしかないとして、

　　ちょっと待ってください。話があるんです。

　　多分風邪でしょう。頭が痛いんです。

　　向こうに見えるのは学校です。わたしが出た学校なんです。
などを始めとする多数の例を挙げている。

　このように、Alfonsoは、「説明」という語を意識して広い意味に用いているが、それにしても、「のダ」の種々の用法について、

説明という考え方で押し通そうとすることには無理がある。確かに、いわゆる平叙文が「のだ」を伴う場合には、多くの場合、広い意味での説明を与えるものと言って特に問題はないかも知れない。しかし、それにしても、「のだ」以外の形での「のダ」の用法をも考慮に入れると、説明という考え方には無理がある。説明という考え方に従うならば、例えば、「のか」を伴う疑問文は、説明を表すものではなく、相手に説明を求めるものだと言わなければならない。また、「のではない」は、あることがらが説明としては正しくないということを述べるものと言わなければならない。さらに、「のだろう」「のなら」となると、これらは、正しい説明がどのようなものになるかを推量したり仮定したりするものだということにでもなるであろう。このようにどこまでも説明ということに固執することも不可能ではなかろうが、そうすることにどれだけの意義があるかは、はなはだ疑わしい。また、「のだ」という形での用法に話を限定しても、同じく説明をするのに用いられる「からだ」と比べると、説明ということの内実が異なっている（第3章参照）。このため、たとえ「のだ」の用法の記述に説明という考え方を用いるにしても、どのような種類の説明であるのかがさらに追求されなければならないと言える。こうしたことから、説明ということを離れて別の見方ができるものならば、そちらに従うのが賢明であろうと思われる。

　第二は、「のか」を伴う疑問文に関する観察である。「のだ」で終わる文が、あることがらを前提として用いられるという三上(1943)の指摘は上で見たが、Alfonsoは、「のか」で終わる疑問文が、あることがらを前提としたうえで用いられるものだと指摘し

ている。

　疑問詞で始まる疑問文においては、「のです」がしばしば用いられる。そうした疑問文は、すでにある程度の知識を話し手が持っていることを前提とすることが多い。話し手は、この知識に関して、さらに詳しい情報や説明を求めるわけである。例えば、"Who is coming?" という文では、誰かが来るということを話し手が知っていることが前提とされる。この場合、「誰が来ますか」と尋ねることも可能ではあるが、「誰が来るんですか」とすると、すでに知られた事実に対する説明を話し手が求めているということが示される。

あることがらを前提として話すときに用いられるということを、三上は「のだ」で終わる文について、Alfonso は「のか」で終わる疑問文について述べているわけであるが、これは「のだ」と「のか」だけでなく「のダ」の種々の形での現れに共通してしばしば認められる重要な事実である。

　第三に、Alfonso は「のダ」が強意を表す語とともに用いられるとし、

　　いったいいつ始めるのですか。

　　本当に分からないのです。

　　この耳で確かに聞いたのです。

のような例を挙げている。強意を表す語を含む文が常に「のダ」を伴うわけではないので Alfonso の一般化は十分なものとは言えないが、「いったい」を伴う疑問文が、多くの場合、「のか」を伴うということは事実である。

　第四に、Alfonso は、

> あるものをほかの何かと対比させて述べるときにも、「のです」が用いられる。対比される二つのものは、両方とも表現されることもあるし、一方は含意されるにとどまることもある。

のように述べ、

> 頭は痛くありません。耳が痛いんです。
> わたしはきょうのほうが都合がいいんです。

のような例を挙げている。三上(1953b)の指摘した「正誤訂正」の働きに通じるものであると言えよう。

1970年代に入ると、まず**田中**(1971)が、

> 「のではないか」「のでもあるまい」などの形で、遠回しに判断を述べる。

と述べ、

> そろそろ許してやってもよい<u>の</u>ではないだろうか。
> 赤字を出したのは、会社幹部の見通しの甘さが原因<u>なので</u>はなかろうか。

などの例を挙げている。こうした文が「遠回しに判断を述べる」とすること自体に問題はないが、例えば、「赤字を～」の文から「のダ」を除いて「～原因ではなかろうか」としても、「遠回しに判断を述べる」ことに変わりはない。したがって、「遠回しに判断を述べる」のは、「のダ」ではなく「ではなかろうか」の働きによるものと見るべきであり、「のダ」自体の働きは別のところに求める必要がある。

また、「のだった」は、「やや詠嘆的な調子で説明を述べるのに用いる」とし、

老人がうずくまっても通行人は誰一人介抱しない<u>のだった</u>。
　　　度重なる不幸にもめげず、健一は黙々と働く<u>のでした</u>。
のような用例を挙げている。「のだった」の意味・用法をこのように「詠嘆的な調子」の「説明」と言うのがはたして適切なのか、それとも、永野(1951)のように「回想」とすべきなのか、あるいは三上(1963)のように「反省時」として「過去における現在または過去」を表す用法と見るべきなのか、検討を要するところであるが、いずれにせよ、三上(1963)のところで述べたように、「のだった」の文体的な特殊性には留意しておく必要があろう。

　寺村(1971)は、「た」の働きについての論考であるが、「過去に聞いたり、考えたりしたこと、つまり過去にいったん認識していたことを忘れていて思い出した、ということを表すタの用法」を論じる中で、次のような「のだった」の用法に触れている。

　　　今晩ノ会ハ何時ニ始マルン<u>ダッタ</u>？
　　　明日ハ彼ト会ウノ<u>ダッタ</u>。
　　　「君、ビール飲むんだったね」と理一が言って……。

　また、寺村は、感情を表す一群の形容詞の「感情主」の人称に関する制約とその解除の可能性に触れている。例えば、「欲しい」は、
　　　?太郎は水が欲しい。
のように二人称や三人称の名詞を主語とすることはできない。ところが、「のだ」や「がる」を加えて、
　　　太郎は水が欲しいのだ。
　　　太郎は水を欲しがっている。
のようにすると先の文のような不自然さはなくなる。ここまでは

すでに周知のことだとしたうえで(筆者の接し得た文献の中で、この事実を最初に指摘しているのは、Rose-Innes(1933)である)、寺村は、「'感情主'の人称についての制約を解除する働きを持つと思われる文末の助動詞形式は、よく言われるように'ガル'や'ノダ'だけではない」と述べ、「そうだ」「らしい」などの付加によっても先の文の不自然さが消えることを指摘する。このことから、感情形容詞における人称制限の解除の現象は、「のだ」(あるいは「がる」)に固有の問題として捉えるべきものではないということが分かる。むしろ、感情形容詞が「裸で」(すなわち、文末の言い切りの位置で)用いられる場合と、そうでない場合との対比において考えるべき問題であると言ってよいであろう。

したがって、「のダ」の意味・用法の分析という立場からはこの問題に深入りする必要はないと思われるが、次の二点だけを確認しておくことにしたい。第一に、この現象にはこれまでにも各所で言及がなされているが、寺村を除く多くの研究者においては、「のだ」の有無による文法性の相違が問題とされるだけで、文の意味の相違は省みられていない。しかし、感情形容詞を述語とする文においても「のだ」は自らの機能を失っているわけではなく、「わたしは水が欲しい」と「わたしは水が欲しいのだ」とでは当然意味が異なる。そして、「太郎は水が欲しいのだ」はあくまでも後者と同類の表現であることを見過してはならない。言い換えれば、「わたしは水が欲しい」に相当する文は主語が二人称や三人称では原理的に不可能なのであり、「のだ」を加えるとそれが可能になるといった性質のものではないということである。第二は、「のだ」なり「そうだ」なりの付加によって文の不自然さが解消され

るのは、感情を表す形容詞には限らないということである。例えば、

　　わたしはそう思う。
　　わたしは疲れた。

は動詞を述語とする文であるが、主語を二人称や三人称の名詞に変えることはできない。けれども、「思う」「疲れた」などの動詞（大江(1975)はこれらを「主観述語」と呼んでいる）が「のだ」を伴うなどして文末の言い切り以外の位置で用いられるのであれば、感情形容詞の場合と同様、二人称や三人称の主語が可能となる。さらには、そうした「主観述語」を述語としない文であっても、

　　｛わたしは／?太郎は｝雨が降りそうだから行くのはやめにした。

のように、主語の人物の判断作用に関わることがらを表現する文についても、微妙な問題を省いて略言すれば、やはり同じようなことが言えるように思われる。

　さて、このあたりまでで、「のダ」の意味・用法の記述はほぼ一通り出そろったと言える。そして、従来は暗黙のうちに仮定されるだけであるか（例えば、後藤(1932)、松村(1947)、永野(1958)）、もしくは、全く考慮されないか（大多数の研究）のいずれかであった、本書で言うところの「のダ」なる範疇がこのころまでには積極的に認められるようになる。

　例えば、**奥津**(1964)は、文末に用いられる「の」が終助詞ではなく名詞の一種であることを、意味的な理由だけでなく、構文上の根拠を挙げて論証している。その中で特に重要な三つの根拠を、

以下に引用する。

(2) 【前略】終助詞は用言の終止形に後続するのであるが、「の」は「お父さんのおつとめのつごうなの」とか「ここが私の家なの」のように「だ」の場合は連体形が「の」に先行する。【後略】

(3) 終助詞間の順序を考えると、疑問を示す「か」は第一位にあって、他の終助詞は「か」に先立つことはないし、「よ」「ね」「なー」などは必ず「か」の次に来る。ところが「の」だけは「これはあなたの家なのか」のように「か」に先行する。【後略】

(4) この「の」に後続する終助詞を見ると、普通の名詞に後続する終助詞と全く同じ型を持っている。

  1．カ・カシラ・サなど。これらは名詞に直接に続き、「だ」を間にとらない。「本だか」「本だかしら」「本だきさ」などが言えないのと同じく「行くのだか」「行くのだかしら」「行くのだきさ」などはできない。

  2．ゼ・ワ・ナなど。これらは1とは反対に名詞に直接は続かず、必ず「だ」で一応終わって、それからつく。「本ぜ」「本わ」「本な」はできないで、「本だぜ」「本だわ」「本だな」と言わねばならない。同様にして「行くのだぜ」「行くのだわ」「行くのだな」などと言わねばならない。

  3．ネ・ネー・ヨなど。これらは名詞の次に「だ」があってもなくても構わない。「本だね」「本だよ」などの「本」に対応するのが「の」で「行くの(だ)ね」

　　　　　　「行く<u>の</u>(だ)<u>よ</u>」などとなる。【後略】
奥津の論証は明快で、その正当性については疑問の余地がない。
ただ、文末の「の」は、確かに、その大部分が「のダ」の「の」
であると言ってよいが、一部には、そのような解釈を適用しがた
いものも存在する (第11章参照)。また、(4)の根拠について言え
ば、示された事実自体は正しいが、終助詞をこのような形で三つ
の類に分けるのは、適当な考え方ではない(補説A参照)。
　また、**阪田**(1971)には、論証はないが、
　　「行くか」と「行くのか」の相違は、「行きますか」と「行く
　　のですか」の二つの表現の間に見られる相違である。「行くか
　　しら」に対する「行くのかしら」、「行くだろう」に対する「行
　　くのだろう」などの「の」も同様である。
と述べられている。
2.4　統一的な理解の追及
　1970年代以後は、「のダ」の意味・用法の多様性を統一的に理解
しようとする試みがいくつも現れる。
　佐治(1972)は、「のダ」の意味・用法を、「ことダ」を始めとす
る文末表現との対比において詳しく分析している。
　佐治は、Alfonsoと同じく、「のか」の形の疑問文においてはあ
る命題が前提とされることを指摘している。Alfonsoのところで
もすでに述べたように、これは疑問文だけでなく、一般に「のダ」
の用法についてしばしば言える重要な事実である。けれども、こ
れをすべての用例の解釈に適用しようとすることには、無理があ
る。確かに、
　　東京は、なぜ、ゴミ、ゴミとそうさわぐのか。

という例について、「『東京がゴミ・ゴミとさわいでいるの』は周知の事実であって、それを前提として『なぜ？』と疑問を発している」と考えることに問題はなかろう。しかし、

　　だからといって、グランプリ監督が、みずから命を断とうとしていいのか。

という例について、佐治は、「『していいこと』の存在を前提として、『していいのは、みずから命を断とうとして（である）か』と疑問を発している」としているが、無理な解釈であるように思われる。また、

　　あなたは行くのですか？

という文は、「誰かが『行く』ことがすでにきまったこととしてあり、『あなた』はその部類に属するのかと聞いている」ものとされているが、はたしてそうであろうか。この文は「今のところ行く人はいないのだが〜」に続けて発することが可能であるということを考えてみても、そうした解釈は認めがたい。

　佐治の「すでにきまったこととしてあ」るという表現を尊重して問題の文の意味を説明するならば、次のようになるものと思われる。すなわち、「あなたは行くのですか？」という文においては、話し手は「あなたは行くか行かないかのどちらかである」ことが「すでにきまったこととしてあ」ると想定し、そのうえで、「行く」「行かない」のどちらであるかを相手に尋ねている。また、「だからといって〜」の文においては、話し手は「グランプリ監督がみずから命を断とうとしてよいものかどうか」が「すでにきまったこととしてあ」ると考えており、そのいずれであるかの判定を相手に迫っている。このように、あることがらが「すでに

きまったものとしてあ」る（と話し手が考えている）ということは、「のダ」の使用を支配する重要な条件であると言ってよい。このことは、「のだ」の「根本的意味」を「既成命題」の提出と見る三上(1953a)の説のところでも少し触れた。この意味において、佐治の用いた「すでにきまったものとしてある」という表現には重要な価値を認めることができるのであるが、これを佐治が行ったように「前提」という概念に直結させて考えることには無理があると思われる。

　佐治は、さらに、「のだ」と「ようだ」「そうだ」「らしい」とを比較し、「よう」「そう」「らしい」と違って「の」は「それだけでは無意味であり、何の情報も伝えてくれない」とし、次のように述べている。

　　ということから、出てくる結論は、「彼が行った」という判断がまわりの状況からそのまま成り立つと話し手が把握したことの表現が「彼が行ったのだ」となるということである。「のだ」は、いわば、確認の表現になっているのである。この確認ということが、「のだ」の本質なのではないであろうか。

ここでは「確認」ということを「のだ」の「本質」と見ているが、また、別のところでは次のように述べられている。

　　定義的に述べるならば、「のだ」は、それの上にある文によって表わされている判断が、その判断の出てくる状況【中略】から、そのままで成り立つことの表現であり、上の文の判断を確かなものとして認定する表現である。状況に基づいて、その判断がすらすら成り立つことの認定の表現であるといっても良い。もっと簡単に、客観的な真実として述べるのだ、

とも言えよう。

このように「のだ」の「本質」を判断の客観性、客体性に見ようとする姿勢を、佐治は、後の論文においてはさらに明確に打ち出している。佐治(1980a)においては、

> 【「のだ」の】ノはその前の述語を連体形にすることによって判断を客体化し、話し手の主観と切りはなされたところで成立するものとして固定し、ダはそれをもう一度主観的に断定する

と述べられている。同様に、佐治(1981b)においても、「"のだ"の本質」が、

> "〜のだ"の前は述語の連体形になっている。述語の連体形によって表される判断は、話し手(の主観)が責任を持ち、主張するものとしての判断ではなく、一応、話し手(の主観)の責任から切り離されたところで、いわば客体的に成り立つ判断である。

のように規定されている。根拠として、佐治は、

> 胡さん、もうすぐ帰国なさるのですから、毎晩来てください。
> ?胡さん、もうすぐ帰国なさいますから、毎晩来てください。

のような例について、その文法性の相違が、上の一般化に従えば次のように理解できるとしている。

> 【このような文が発せられる状況では】話し手【中略】が、当の胡さんから聞いて"胡さんの帰国される"ことを知ったのだから、そのことの判断は話し手の責任以外のところで成り立っているものである。その事情を表すために"帰国なさるのですから"という形式が必要になるのである。

具体的な分析は本文のほうに譲り、ここでは次の二点を確認しておくことにしたい。第一に、「のダ」が客観的な判断を表すとする見解には、確かに、重要な一面がある。「のだ」がすでに定まった命題を表すものであることは上述したが、すでに定まった命題であるということは、もはや話し手が主観的に判断を下す必要がない、すなわち、客観的に成立しているということになり得るからである。(国広(1984)も、「既成のことは過去に属し、過去に属することは同時に客体化することである」と述べている。)けれども、「客観的」「客体的」という表現はその意味を明確に規定することが困難であり、解釈にかなりの幅を残す。佐治(1980a)からの引用にあるように、客観的な判断を主観的に断定するというような表現を用いることは、無用な誤解や混乱を招きやすいように思われる。(ちなみに、永野(1952)、Inoue(1974)、McGloin and Terakura(1978)、McGloin(1980)などでは、単に、「のだ」は話し手の主観的な判断を表すものとされている。)例えば、

　　(使い捨ての風潮を嘆いた後)そこで提案します。流通交換センターというようなものを作って、皆がそれぞれ不要品を持ち込んで交換するのです。

　　ぼく、大きくなったらパイロットになるんだ。

のような場合、提案や意志といった、実現していない架空のことがらを表現するために「のだ」が用いられているが、これらを客観的な判断と呼ぶことには無理があろう。こうしたことから、「のダ」の働きの本質を判断の客観性以外のところに求めることができれば、その方が無難であろうと思われる。第二は、一口に「のダ」と言っても、その文脈との干渉の結果、異なる働きをするも

のとして現れるという可能性を考慮に入れなければならない。つまり、「のだから」の用法について言えることが、そのまま「のダ」の用法一般に当てはまるとは限らないということである。

さて、「のだ」「のか」で終わる文の使用における前提の役割に関する三上(1943)、Alfonso(1966)、佐治(1972)の指摘にはすでに触れたが、Kuroda(1973)も「のだ」の一つの側面を示すものとして次の例を挙げている。

メアリーはファイドー(犬)が死んだので悲しがっている。

メアリーはファイドーが死んだので悲しがっているのだ。

Kurodaは次のように説明している。

メアリーが悲しがっているという事実はすでに知られており(最近の用語で言えば、前提とされており)、ファイドーが死んだことがその原因であると述べる場合には、「～悲しがっているのだ」の文を用いることはできるが、「～悲しがっている」の文を用いることはできない。

「のだ」を伴う第二の文がこのような意味にしか解せないというわけではないが、「のダ」の有無によって対立している上の二文の意味の差のうちで最も顕著なものであることは間違いない。

久野(1973)は、「のダ」を説明の表現とするAlfonsoの分析を受け入れたうえで、二つの観点からの考察を行っている。

その一つは、「からダ」との相違を通して見た場合の「のダ」の働きの特徴についての分析である。久野は、

(元気がないようですが) 気分ガ悪イ<u>ノデスカ</u>？

(出かける準備をしておられるようですが) ドコカヘ行ク<u>ノデスカ</u>？

（傘ヲ持っておいでですが）雨ガ降ッテイル<u>ノデスカ</u>？

のような文においては、「のか」を「からか」で置き換えることができないことを指摘し、

　　「ノデス」構文が説明せんとする事象は、たとえば聞き手が外出支度をしているとか顔色が悪いとかいうような、文として表わされていない非言語的シチュエイションであり得るのに対して、「カラデス」が理由・原因を与えんとする事象は、言語化された文【中略】でなければならない

と述べている。また、

　　病気デス。体重ガ10ポンド減ッタ<u>ノデス</u>。

　　僕ハ馬鹿デス。イクラ勉強シテモダメナ<u>ノデス</u>。

　　太郎ハキチガイデス。誰ニデモケンカヲフキカケテクル<u>ノデス</u>。

のような文においては、「のだ」を「からだ」とすることができないことを指摘し、

　　「ノデス」が先に述べられたこと、観察されたことに対する説明を与えるのに対して、「カラデス」が先に述べられたことに対する理由・原因を与える

からだと述べている。「のダ」が説明する対象が「言語化されていないシチュエイション」であり得るという事実自体は、すでに大宮(1907)の指摘にもあり、また、「のダ」によって説明されるのが原因や理由には限らないという事実についても、すでにAlfonso (1966)による指摘があったが、「のダ」と「からダ」を対比させるという方法によって考察したのは久野が初めてであった。「のダ」と「からダ」の違いとは言っても、いずれも、「からダ」の使用に

対する制約であり、本書の主題には直接には関わらないものであるが、興味深い指摘である。「のダ」と「からダ」のあいだの相違としては、これらに加えて、「のダ」の基本的な性格に起因するものとして理解できる、「のだ」「のか」その他の使用に対する制約がある(第3章〜第6章参照)。

次に、久野は、依頼文や命令文ともに用いられる「のだ」について考察し、

　　オ金ガアマリナイ<u>ノデス</u>カラ、無駄遣イヲシナイデクダサイ。
　　　　　　　　　　　【中略】
　　【上の文】は、「私が心配していることの説明は、お金があまりないことです。ですから、無駄遣いをしないでください」
　　という意味であろう。この「ノデス」構文は、後に来る「無駄遣イヲシナイデクダサイ」という要求の説明ではなくて、話し手の心配、不安、不満の説明であろう。

と述べているが、説得的ではない。久野は、いくつかの例を挙げて、

　　「ノデス」の後に依頼文・命令文が来ると、しばしば、非難の意味合いを含んだ文となる

ことを示している。しかし、後続する命令文が「非難の意味合いを含」むとしても、「のだ」の働きをその「不満の説明」だとするのは無理なことであろう。上のような不明瞭な記述に終わった原因は、おそらく、久野が、「のだ」は説明を表すという見解を受け入れて、これを疑わなかったところにあるものと思われる。

また、「のだ」に続く命令文が非難の意味合いを含むとする一般化については、抽象をもう一段階進めることが可能である。それ

には、例えば、次のような文を考えて見ればよい。

　　予算は十分あるのです。いくらでも使ってください。

　　仕事で疲れているのですから、休んでいてください。

ここでは聞き手に対する非難の意味合いといったようなものは一切感じられない。むしろ、聞き手に対する配慮が意図されていると言うべきであろう。結局、以上の例における「のだ」の働きを暫定的な形で一般化するならば、

　　「のだ」の後に依頼文や命令文が来ると、「Aである以上、聞き手がBするのは当然だ」という意味合いを含むことがある。
　　（ただし、AとBは、それぞれ、「のだ」の前後に現れる文ないし節を表す。）

とでもなるであろう。上述の久野の一般化には「しばしば」という限定が付いているので、それ自体が誤りであるわけではない。しかし、例えば、先の例（「オ金ガ〜」の文）について言うならば、「のだ」の使用によって直接に表現されるのは、「お金がない以上、無駄遣いしないのが当然だ」ということだけであり、これがその内容ゆえに言わば派生的な含意として非難の意味合いを感じさせるというように解釈するのが適当であると思われる。

　林(1973)は、「のだ」を「述語に解説性を与える」ものとし、理由の説明などに加え、「内容の詳解」をすることがあることを指摘している。

　　当時道家には中気真術と云ふものを行ふ習があった。毎月朔望の二度、予め三日の斎をして、所謂四目四鼻孔云々の法を修するのである。

第一文の中に現れる「中気真術と云ふもの」を、第二文が解説し

ているというわけである。

林は、次のように述べ、「のだ」の基本的な働きを先行文の換言にあるとする。

> 【「のだ」が】先行文の叙述に解説を加える場合、それが詳解的になされるにせよ、理由・原因・動機等の説明としてなされるにせよ、つまりは、先行文の叙述を、別の立場や角度から言い換えていることになる。

「のダ」の意味・用法をすべて先行文の換言という概念で規定することはできないが、「のダ」の基本的な働きを説明ということに求める見方に比べると一歩前進している。小さな前進ではあるが、その意義は大きい。「のだ」で終わる文の基本形を「～は～のだ」という形をした表現とする見方にはすでに触れたが、同じことを機能の面から把握し直したものだと言うことができよう。

木坂(1973)は、「のだ」で終わる文の用法を分析し、以下のような結論を得ている。

㈠ 「のだ」文は何らかの個的・具体的な前提状況に応じる。
㈡ 前提状況は、対話場面では相手の言辞、またはそれに絡んでいるゼロ形式(非言辞)の状況(行動・状態・心理)である。
㈢ 「のだ」文は、前提状況の未知の部分、不明瞭な部分、または、その状況から進展する新事態を予想し、これらを確認・提示しながら上接命題と結合させる。両者が因果関係にある場合は「根拠」や「理由」の意味を示す。
㈣ 「のだ」文は、「の」の力によって、前提状況の、話者の側のみによる一方的認識の上に立ってこれを再現し、上

接命題と結合させて、状況の客体化を果たす。

【後略】

それぞれが今までに個別に指摘されてきた「のダ」の諸性質をよく表わしたものであることは、明らかであろう。

Inoue(1974)は、変形文法の枠組において、「のだ」で終わる文を派生させる規則の定式化を試みている。その基本的な発想は、「のだ」は、会話の状況において了解されたある命題に対して、それと等しい関係にある命題を述べるものであると考えることにある。これは、「のだ」で終わる文の基本形を「〜は〜のだ」という形の表現とする見方や、「のだ」の基本的な働きを換言ということに求める見方にも通じるもので、「のだ」について考えるうえでの重要な視点であると言ってよい。

「のだ」の用法に関しては、Inoue は、

> 現在進行しつつあるできごとを報告的に述べる文においては、「のだ」を用いることができない。

ということを指摘している。Inoue が挙げている例によれば、眼前で展開している事態をニュースキャスターが述べるとき、

> あ、デモ隊の先頭が日比谷の交差点に向かって急に走りだしました。

と言うことはできるが、これに「のだ」を加えて、

> ?あ、デモ隊の先頭が日比谷の交差点に向かって急に走りだしたのです。

とすることはできない。このように、「のだ」を用いることのできない場合について考えることは、従来ほとんど行われていないが、「のだ」の性格を明らかにするための有効な手段として、積極的

に試みる価値がある。

　ただ、Inoue は、上述の事実から、「のだ」は、主観的な文脈において用いられるものであって、事実を報告する客観的な状況では用いられないという方向に議論を展開しているが、これは不適切と言わざるを得ない。主観的、客観的ということを持ち出すことの問題点についてはすでに述べたので、ここでは繰り返さない。Inoue は、別の根拠として、

　　多分適当な人が見つかったのだ。
　　?多分適当な人が見つかった。

という例を挙げ、「のだ」が話し手の個人的な意見を表現するものだと論じているが、これは認めがたい。確かに、「～見つかったのだ」の文は話し手の推量を表し得るのに対し、「～見つかった」の文は話し手の推量を表し得ず、したがって、「多分」などを加えることができない。しかし、このことが意味しているのは、「のだ」が主観的な表現であるということでもなければ、「のだ」に推量の働きがあるということでもない。結論的に述べるならば、これは、ル形の述語とタ形の述語の相違であって、ル形では推量を表すことができるが、タ形ではそれが不可能であるということである。その証拠に、推量を表すことのできない上の「～見つかった」の文とは対照的に、

　　多分適当な人が見つかる。

という、ル形の述語を持つ文は、問題なく話し手の推量を表すことができる。結局、「～見つかったのだ」の文が推量を表し得ると言っても、それは、「のだ」自体の問題としてではく、ル形の述語を持つ文の問題として考えなければならないということである。

山口(1975)においては、「のだ」の用法について、

> 「結局、要するに、つまり、一言でいえば、換言すれば、言いかえれば、簡単にいえば、手取り早く言えば」などの語句が冠せられることがしばしばある。

ことが指摘されている。しかも、「のだ」が付くのは「結局」などを含む当の文とは限らない。

> 「結局、要するに、……」などが同一の文中で「のだ」と呼応するのでなく、いくつもの句点をとびこえて「のだ」と呼応する形が生じてきている。
> 【例】<u>つまり</u>、「咲いている」は「いる」の一種であって、「咲いて」の一種ではない。文法的には「咲いて」は「いる」に従属している<u>のだ</u>。

山口は、「のだ」で終わる文に次の四種類のものを認める。

 I 外で音がするのは雨が降っているのだ。
 II 外で音がする。あれは雨が降っているのだ。
 III 外で音がする。雨が降っているのだ。
 IV 外で音がする。(やっぱり)雨は降っているのだ。

「のだ」で終わる文に題目を補って「～は～のだ」の形の表現に還元する見方については、すでに、松下(1924)、三上(1953a)などのところでも触れたが、山口の分析はそれらを総合した形になっている。ただし、山口は、指示語を題目として補って考える(例えば、「雨が降っているのだ」に「あれは」を補って上のIIの第二文「あれは雨が降っているのだ」のようにする)ことについては、

> 「指示語を含む題目を具えることにより、常に現実のまたは文脈上の場を前提とするわけだが、その事態は理想的には解消される

方がよい」とし、

> 「……のは……のだ」という形【つまり上のⅠの型の文】を「のだ」の文の基本形として考えてみたらどうかと思う。

と述べているが、このような限定を加えることの意義がどういうところにあるかは不明である。「〜のは〜のだ」ではなく「〜は〜のだ」を「のだ」で終わる文の基本形と見ておけば十分ではないかと思われる。

また、意味的な観点からは、

> 「のだ」の文は、あるいはその文だけで、あるいは先行文と協同して、
>
> ××トイウコトハ○○トイウコトダ。
>
> という内容を表わす文であるという点で共通しているといってよさそうである。

と述べられている。「のだ」で終わる文の基本的な機能を先行文の換言とする林(1973)の見解に一致するものと言うことができよう。

「のだ」で終わる文を「〜は〜のだ」の形の表現と関連付ける見方と、「のだ」で終わる文の基本的な機能を換言とする見方は、林(1973)のところでも述べたように、同じことを違う角度から表現しているものと言ってよいと思われる。そして、「のダ」の多様な意味・用法の相互の連関を理解しようとするとき、こうした見解は大きな手がかりとなる。山口も、

> 指摘された「説明、理由、強調」その他の意味あいは「××トイウコトハ○○トイウコトダ」という「のだ」の文の本来の意味に還元して考えることによって、初めて統一的な説明が可能になると思われる。

のように述べているが、その通りであろうと思う。

ただし、「～は～のだ」という還元形を認めさえすれば「のだ」で終わる文の意味・用法の具体面が明らかになるというと、そうは行かない。つまり、「のだ」の種々の用法や性質を「～は～のだ」という基本形から演繹的に導き出すことができるわけではない。また、山口も認めているように、「のダ」の用法のある種のものは、そうした還元形にはもはや直ちに結び付けては考えがたい程度にまで固定慣用化している。したがって、上のような還元を行ったからと言って、具体的な意味・用法の分析と記述の仕事が終わるわけではないということにも注意しておく必要がある。

川本(1976)は、「のだ」の「意味、用法の根底にあって、これらを可能にする」ところの「価値」を、言語表現と文脈との結び付きという点に求める。

> 「のです」が文に採り入れられることによって、周囲の状況（言語外文脈）や話の流れ（言語文脈）が言語表現のかたわらに登場してくるのだと考えて、そういう「論理構造」から、いくつかの捉えがたいニュアンスが生じてくるのであろうと推定してみたい。端的に言ってみれば、「……のです」によって言語表現が発話の文脈に結び付けられることが、いっそう強くなると考えたいのである。

「のダ」が文脈との関連において用いられるということは事実である。しかし、この事実は、「のダ」があることがらを受けてそれを換言するものであるところから生じてくるものと考えるべきであり、文脈との結び付きという漠然とした概念を、「のダ」の中核的な性質とするのは無理であろう。

McGloin and Terakura(1978)においては、「のだから」についての分析が行われている。まず、McGloin-Terakura は、
　　きのう銀座に行ったんですから、きょうは行きません。
　　　　　〃　　　　　　　　きょうは家にいましょう。
　　　　　〃　　　　　　　　きょうは家にいなさい。
　　　　　〃　　　　　　　　疲れるのは当り前です。
　　　　　〃　　　　　　　　きょうは行かないでしょう。
あの子が合格したんですから、驚きました。
会えないと思った人に会えたんですから、嬉しかったです。
のような文は可能であるのに対し、
　　?きのう銀座に行ったんですから、いろいろ買ってきました。
　　?　　　　〃　　　　　　　　とても疲れました。
のような文は不可能であるということに基づき、

> 「のです」が許されるどの文においても、主文は、決意、要求、提案といった主観的な判断に関わっている。こうした場合、「から」節は、主文に表された命題の理由を表しているのではなく、どのようにして話し手がある命題に関する判断を持つに至ったかを示している。

と述べている。これについては、同じく「のだから」を扱った張(1983)も同様の結論を得ており、大まかに見るかぎり妥当な分析だと言える。

McGloin-Terakura は、論を進め、「のダ」(ただし、「のダ」とは言っても、McGloin-Terakura はほとんど専ら「のだから」の例に基づいて論じている)は、それによって結ばれた二文の間の関係を話し手が主観的にどう判断しているかを強調的に述べるも

のだとし、さらに、「のだ」のいわゆる説明の働きはこの強調的な性格から来るものだとしている。しかしながら、すでに述べたように、主観性や強調ということに基づいて「のダ」の意味・用法を説明しようとすることには無理がある。

奥田(1979)は、児童文学における「のです」の多用を問題にしている。奥田は、

> さぬき先生は、おなかがでっぱっています。めがねをかけたかおも、たぬきににている<u>のです</u>。そして、人をだましたり、ばかにしたりするのがとくいな<u>のです</u>。

のような例を挙げ、

> 作者の心のどこかに、この文体、「のです」調をつかうことによって、知っていることを知らないものに伝える快感、教師のよくするという、したり顔がかくされていはしないか？「のです」のなかに、そうした教師くささがかくされているような気がしてならない。

と述べている。藤原(1944)のところでも述べたように、話し手だけが知り得るようなことがらを述べるときに「のだ」がよく用いられることは事実であり、「のだ」の重要な一面を指摘したものと言ってよい。

McGloin(1980)においては、「のダ」の用法に関するいくつかの観察が述べられている。その中で興味深いのは、「のか」で終わる疑問文を発する話し手は、聞き手がすでにその答を知っているものと想定しているとの指摘である。このことから、例えば、二人の人間がこれから昼食に行こうとしているような状況で、

> きょうはどこへ行く？

と言えば相談を持ちかけていることになるが、他方、「のダ」を用いて、

　　きょうはどこへ行くの？

と言うと相手に決定を任せているような含みが出ることになる。すでに三上(1953a)、佐治(1972)のところでも述べた通り、「のダ」の使用を支える重要な条件の一つは、ある命題がすでに定まっているということであると考えられる。そして、「のか」で終わる疑問文に関するMcGloin の指摘による事実の根底にあるのは、「のダ」のこの特性であると思われる。この特性は、事実、上のような種類の疑問文のみならず、「のダ」を含む種々の表現の用法も実に様々な形で支配している。

　McGloin の論文には、同意しかねる議論が何箇所か見られるが、そのうちで、「のダ」の基本的な性格に関わるものについてのみ簡単に触れておきたい。McGloin(1980)では、この問題について、McGloin and Terakura(1978)とは別様の解釈が示されている。まず、McGloin は、「～のか」の形の疑問文では、「～」の部分が事実であるということを、話し手が想定している、ないしは、話し手と聞き手の両者が知っている、としている。しかし、これは無理な一般化と言わざるを得ない。例えば、疑るような調子で、

　　これは本当に本物なのか？

と発言する時、話し手が事実であろうと想定しているのは、本物であることではなく、逆に、本物ではないことであろう。また、McGloinは、別の箇所において、聞き手に新たな情報を伝える「のだ」の用法を問題とし、「話し手しか知らない情報を、あたかも聞き手も知っているように話す」というように述べているが、これ

も相当無理な解釈であると言わざるを得ず、国広(1984)による批判にもあるように、これを「のダ」の基本的な働きと見ることは不可能であると思われる。

短く結論的に述べるならば、ある命題が話し手や聞き手にとって既知である(または、逆に、未知である)という条件は、「のダ」に固有不変の特性として認めることのできるものではなく、「のダ」本来の特性と他の諸要因との相互作用の結果として様々な形で現れるものであろうと思われる。

Kuno(1980、1982)、久野(1983)は、

?僕は終戦の年に生まれなかった。

?君は東京で生まれたか？

のような文が不自然であるのは、

日本語の否定辞「ナイ」と疑問助詞「カ」のスコープは【中略】通常、その直前の動詞、形容詞、「Xダ/デス」に限られる

【久野(1983)からの引用】

からであるとし、意図された内容を表すためには、

僕は終戦の年に生まれたのではない。

君は東京で生まれたのか？

のように、「文末に『ノ』を附加して文全体を名詞節化し」た上で「ない」なり「か」なりを付けることが必要であることを指摘している。

久野の研究は否定文、疑問文という視点からのものであって、「のダ」の側からのものではないので、「のダ」の有無による文の意味あるいは容認性の相違が「のダ」のいかなる性質によるもの

であるのかという点については言及がない。しかし、否定文や疑問文に関して久野の指摘した現象は、「のダ」を含む文一般に関して観察される現象(例えば、先のKuroda(1973)や、紙谷(1981)の観察)と本質的に相通じるものであると思われる。とすれば、当然、これらを統一的な視点から検討することが可能かつ必要となる。それには、否定や疑問のスコープという視点とは異なったところからの見方が要請されることになろう。

阪田・倉持(1980)においては、「だろう」と「のだろう」の比較が行われている。阪田・倉持は、何らかの根拠に基づいた推量を表す場合でも、

　　今年はよくできたから、合格するだろう。
　　うれしそうな顔をしているから、合格したのだろう。

のように、「だろう」と「のだろう」の二つの形が用いられることを指摘し、両者の相違について次のように述べている。

　　一般に「…から…だろう」の形式は、「…から」によって表される事実をもとにして、それからどんな結果が導き出されるかを予測して述べるものであり、ある程度客観的な因果関係として結びつけていると考えられる。これに対し、上の「…から…のだろう」は、「…から」によって表される事実から、その背後にあってそのような事実をささえている原因・理由を推測して述べているものであるととらえられる。

これは、「だろう」と「のだろう」の相違を的確に説明したものと言うことができる。「のだろう」が、あることがらの背後にある何かを問題とするものであるとのくだりは、特に重要な指摘である。あることがらを受け、その背後の事情(ただし、それは、原因や

理由には限らない)を表現するということが、「のだろう」だけでなく、「のダ」一般に通じる基本的な働きであると考えられるからである。ただ、「だろう」では、推量されたことがらとその根拠となる事実のあいだに「ある程度客観的な因果関係」があるとされているが、このことが、「だろう」だけにあって「のだろう」にないような種類のことがらであるかどうかは疑問である。

阪田・倉持は、さらに、

　　デパートなら売っているだろう。

　　デパートなら売っているのだろう。

　　雨が降ったら中止になるだろう。

　　雨が降ったら中止になるのだろう。

などにおける「だろう」と「のだろう」の使い分けの条件については、

　　【「だろう」を伴う文】は、それぞれ設定した条件の中でどんな結果が得られるかを蓋然性の上に立って推測しているにすぎない。それに対し、【「のだろう」を伴う文】は、蓋然性の枠の中でのとらえ方という点では、【「だろう」を伴う文】と同様であるが、設定した条件とそれから得られる結果との結びつきを必然的なものとしてとらえている面が強い。つまり、経験的な知識などをもとにして、設定した条件のもとでは当然のこととしてそのような結果が得られる、という気持が強くこめられていると見ることができる。

と述べているが、条件と結果とのあいだの必然的な結びつきということが、「のだろう」を「だろう」から区別する直接の要因であるとは考えがたい。

また、阪田・倉持は、「のか」で終わる疑問文の情意的な含みについても指摘している。阪田・倉持は、

　　君も出かけるのか。
　　彼はなぜ先に帰ってしまったのか。

のような例を挙げ、「のか」を伴う疑問文は、単に事実を問うのではなく「事実として現れている事柄の背後にある原因・理由などを問う」もので、

　　現象の背後にある事柄に不審を抱く場合に用いるものであるから、場合によっては問いを向ける相手やそのことに関与する人間に対する非難の気持ちがこめられることがある。

と述べている。ここで、「非難の気持ち」としているのは、限定のし過ぎである。また、そうした情意的な含みが「背後にある原因・理由などを問う」ことから生じると解釈するのが適当かどうかは疑問である。しかしながら、「のか」を伴う疑問文が、しばしば話し手の感情的な含みを伴うということは事実であり、そのことを指摘した点は評価される。

　方村(1980)は、小説における「のである」の用例を観察し、その用法を「説明口調」「細叙」「具体的説明」「実体説明」「内容解説」「前提文訂正」「付帯状況の付加」「理由提出」などに分けている。名称からその内容は大体分かると思われるので、用例の引用は省略する。なお、方村も、意味・用法の抽象を追及する立場から、

　　書き手が、自分の表現に対する主観、つまり自己の立場を表出するとき、それは「のである」という表現形式となって顕現する。自己の立場の表示ということが、「のである」のあら

ゆる用例を規定する基本的な機能である。
と述べているが、これで「のだ」を他の表現形式から異なるものとして有効に特徴付けることができるとは考えがたい。

　国広(1984)は、三上(1953a)の説が自分の考える「のだ」の「意義素」に最も近いとし、これを「既成関連命題説」と名付けて次のように要約している。

　　　「のだ」は現況を出発点として、それと何らかの関係のある
　　　命題を既成のこととして提示する。既成とは過去の事実とは
　　　限らず、未来についての計画でもある。

三上(1953a)、佐治(1972)のところでも述べたように、すでに定まった命題を表すということは、確かに、「のダ」の使用を支える重要な条件の一つであると考えられる。ただ、既成の命題、すでに定まった命題と言えそうでありながら、「のダ」が許されない場合も存在する。例えば、

　　　お知らせします。あす午後二時から避難訓練が行われます。

という例は、すでに定まった予定を告げるものであるが、第二文を「～行われるのです」のように変えることはできない。また、既成命題、すでに定まった命題と言うと、現実に成立している命題であるという印象が強いが、「のだ」が付くのは、現実に成立している命題には限らない。例えば、

　　　あっ、財布がない。(キット)電車の中ですられたんだ。

という例では、財布を電車の中ですられたということは話し手の推量に過ぎず、必ずしも現実の事実であるわけではない。したがって、「既成命題」ないし「すでに定まった命題」という言い方に関しては、その意味するところをさらに厳密に規定する必要があ

ることになる。また、三上(1953a)のところでも述べたように、「のダ」が「既成命題」を表すのはなぜかという問題についても考えてみる必要があろう。

命題の既定性、既成性ということとの関連で言えば、**堀口**(1985)も、「のだ」を「それに上接する用言句の表すことが〈確実な事態〉としてあることを表す表現」であるとしており、三上(1953a)や国広(1984)の立場に近い。

ただ、「のだ」という形だけを問題とするならば、「確実」としようと「既定」(または、「既成」)としようと確かに大差はないように見える。しかし、「のダ」の用法を一般的に考えようとすると、「確実」とするよりは、「既定」(または、「既成」)とするのが適切であることがはっきりする。例えば、

　　太郎は来るのか？

という疑問文においては、明らかに、話し手は太郎が来ることを確実なことと考えているわけではない。しかし、このような場合でも、話し手は、太郎が来るかどうかがすでに定まっていると想定していると言うことはできる(第4章参照)。要するに、「確実」というのは、あることがらが起きるかどうかは必ずしも定まっておらず、ただ、起きる見込みが大きい(例えば、95％の確率)ということであろう。これに対し、本書で言う「既定性」とは、そうした見込みの大小とは無関係であり、あることがらが起きるか起きないかがすでに定まっている(つまり、確率は0％または100％のいずれか)ということなのである。たとえ、0％なのか100％なのかを知らずとも、自分の知識の及ばないところではすでにどちらかに定まっていると話し手が想定する、こうした意味での「既

定性」こそが、「のダ」の使用を支える重要な特性の一つであろうと考えられる。

4 総括

以上、過去一世紀に及ぶ「のダ」に関する研究の流れを概観した。全体の趣向としては、具体的な意味・用法に関する記述の段階から、抽象的、統一的な解釈を追及する段階へと進んできたと言ってよいと思われる。もっとも、具体的な意味・用法がもはや記述し尽くされたというわけではない。特に、「のダ」の有無による意味・用法の相違や、「のダ」を用いることのできない条件などを明らかにすることは、「のダ」の本性についての理解を深めるうえで有益な手段であると思われるが、まだわずかしか試みられていない。

抽象的、統一的な解釈ということに関して言えば、その方法に関して、二通りの立場を区別することができるように思われる。一方は、「のダ」の基本的な意味・機能を追求する立場であり、他方は、「のダ」の抽象的な意味特性(「本質」「価値」「意義素」などとも呼ばれている)を追及する立場である。本書の立場に近いもので言えば、「〜ということは〜ということだ」という「換言」を「のダ」の基本的な機能とする林(1973)や山口(1975)などが前者の例であり、他方、「命題の既成性」や「現況とのつながり」ということを「のダ」の「意義素」とする国広(1984)などが後者の例である。

本書では、様々な現象を解釈するうえで、意味・機能のレベルでの説明(すなわち、「背後の事情」や「実情」を表すという「の

ダ」の機能に基づく説明）と、抽象的な意味特性のレベルでの説明（すなわち、「承前性」「既定性」「披瀝性」「特立性」という「のダ」の抽象的な意味特性に基づく説明）とを併用しているが、基本的には、前者の、意味・機能のレベルを中心にして考える立場に立っている。一見したところ無関係に見える諸々の意味特性は、基本的な意味・機能から派生する二次的な現象と見ることによって初めて、その存在の必然性が理解されると考えられるからである。

注

1）補説Dは、拙論「命題指定の『の』の用法と機能——諸説の検討——」（『言語学研究』第5号、京都大学言語学研究会、1986年）に加筆・修正を施したものである。第1章でも述べているように、「のダ」の機能は、「の」という形式自体に帰せられるものではない。上掲の拙論で仮称として用いた「命題指定の『の』」という表現は、その意味で不適当であったので、本書では用いていない。

なお、この補説では、敬称の類は一切省略に従う。英語で書かれた文献については、拙訳によって引用する。また文献中に明らかな誤植や表記の不統一がある場合には、断わることなく訂正した形で引用する。ほかにも、漢字の字体や記号の体裁などを変更したところがある。

2）「だろう」と「のだろう」の相違に関する松本の説明が、その当時にあっては事実に合致するものであった可能性は否定できない。しかし、本書では、「のダ」の意味・用法の通時的な変化の問題に立ち入る用意はない。

「のダ」の意味・用法の通時的な変化ということでは、**波多野**(1950)が、尾崎紅葉『多情多恨』(1896)における「のである」の用例の中

に、今日の用法とは異なり、「してしまった」という意味を表すものがあることを指摘している。ただ、最初期の言文一致体の文章における用法であること、また、上記の小説においても「のである」の用例の大部分は現代の感覚と食い違うものではないことを考えるならば、特に問題とすべきものでもなかろう。

　3）藤原は、「の」を「女子用」の表現としているが、こうした見方の是非は、終助詞の「の」の認定とも関わっており、見かけよりは複雑である。ここでは、「のダ」と文体の関係について最低限のことを記しておく。

　まず、一般に、「のダ」は男女の別なく用いられるものであり、これを女性的とすることはできない。この点については疑問の余地はなかろう。**井手**(1978、1983)は、女性の文章の特徴として、「のです」が多用されることを指摘している。しかし、このことから、井手が「の」を女性的な表現としているのは安易である。「のである」を多用すればむしろ男性的な表現になることを考えれば、それは明らかであろう。井手も恐らくこうしたことに気付いていなかったわけではなく、現に、女性的な文章に現れる「のです」は「男性の使う『のです』体と異なっているように思われる」と述べている。しかし、しかるべき理由もなく「のです」を女性的なものと男性的なものに分けるようなことをするのであれば、その前者が女性的な印象を与えるなどと言うのは同語反復に過ぎない。「のダ」が「のだ」「のである」「のです」「のでございます」などのそれぞれの形で用いられるときに認められる文体上の特徴は、「だ」「である」「です」「でございます」に起因するものであって、「のダ」に帰せられるべきものではない。

　「雨が降ったの」「雨が降ったの？」のような言い方における「の」も、終助詞ではなく、「のダ」の現れの一つの形である。ここでも、やはり、「の」自体を女性的と見るのは適切ではない。むしろ、「のだ」「のか」などとの関わりにおいて体系的に捉え、「だ」や「か」を加

えない表現法が女性的であると言うべきであろう。「の」自体を女性的な表現と見ようとすることは、「これはあなたの本？」における「本」を女性的な表現と見ようとすることに等しい。
　以上の場合に対して、
　　三郎さん、遊んでばかりゐてはだめぢやないの。
におけるような「〜じゃないの」の「の」は、終助詞とすべきものであり、確かに女性的な文体の表現であると言ってよい。

文献目録

浅見徹(1964)「カラとノデ」『講座現代語6　口語文法の問題点』(明治書院)

池尾スミ(国際交流基金)(1974)『教師用日本語教育ハンドブック①文章表現』(凡人社)[64～70頁]

池上嘉彦(1981)『「する」と「なる」の言語学』(大修館書店)[「『ノデアル』『テイル』に関する断章」]

石川倉次(1901)『はなしことばのきそく』(金港堂書籍)[93～94頁]

井出祥子(1978)「書きことばの中の『女ことば』」『UP』1978年11月号(『女のことば男のことば』所収、日本経済通信社、1979)

井出祥子(1983)「女らしさの言語学――なぜ女は女性語を使うのか――」『講座日本語の表現3　話しことばの表現』(筑摩書房)

糸井通浩(1982)「文末表現の問題」『日本語学』第1巻第2号

井上ひさし(1981)『私家版日本語文法』(新潮社)[「『のだ文』なのだ」]

于日平(1985)「『うちけしのたずねる文』から『働きかける文』への移行について」『語学教育研究論叢』第1号(大東文化大学語学教育研究所)

氏家洋子(1969)「文論的考察による統続助詞『の』の設定」『国文学研究』第41号(早稲田大学国文学会)

氏家洋子(1975)「日本語表現に見る日本人の意識」『講座日本語教育』第11分冊(早稲田大学語学教育研究所)

臼田寿恵吉(1909)『日本口語法精義』(松邑三松堂)[122～125頁]

王玉泉(1935)『日語口語文法』(岡崎屋書店)[178～179頁]

大江三郎(1975)『日英語の比較研究――主観性をめぐって――』(南雲堂)[199～201頁]

大曽美恵子(1986)「誤用分析2　『先生アイスクリームが食べたいんで

すか。』」『日本語学』第5巻第10号

大槻文彦(文部省国語調査委員会)(1916)『口語法』(国定教科書共同販売所)[100～112,191～192頁]

大槻文彦(文部省国語調査委員会)(1917)『口語法別記』(国定教科書共同販売所)[285～286,397～398頁]

大宮貫三(1907)『日語活法』(早稲田大学出版局)[129～130頁]

奥田継夫(1979)「児童文学が文学になるとき――『のです』調に教育をみた――」『叢書児童文学4 子どもが生きる』(世界思想社)

奥田靖雄(1984,1985)「おしはかり(一)、(二)」『日本語学』第3巻第12号、第4巻第2号

奥津敬一郎(1964)「『の』のいろいろ」『口語文法講座3 ゆれている文法』(明治書院)

奥津敬一郎(1974)『生成日本文法論』(大修館書店)[48～50頁]

奥津敬一郎(1978)『「ボクハウナギダ」の文法――ダとノ――』(くろしお出版)[70～75頁]

風間力三(1962)『文章ドクター――悪文の診断と治療――』(東京堂)[第21章「疑問詞の呼応」]

方村恒雄(1980)「『のである』の用法――主として芥川龍之介の初期小説における――」『解釈』第26巻第1号

方村恒雄(1981)「『のである』と『からである』――小説における理由表現をめぐって――」『島田勇雄先生古稀記念 ことばの論文集』(明治書院)

金井保三(1901)『日本俗語文典』(宝永館書店)[108～109頁]

樺島忠夫(1967)『文章工学――表現の科学――』(三省堂)[110～121頁]

紙谷栄治(1979)「『た』の特殊な用法について」『京都府立大学学術報告人文』第31号

紙谷栄治(1981)「『のだ』について」『京都府立大学学術報告人文』第33号

川本茂雄(1976)「日本語の文法の特色」『日本語講座1　日本語の姿』(大修館書店)
木坂基(1973)「近代文章における『のだ』文の変遷と表現価値」『新居浜工業高等専門学校紀要(人文科学編)』第9号
北原保雄(1967)「『なり』の構造的意味」『国語学』第68集
北原保雄(1981a)『日本語助動詞の研究』(大修館書店)〔513～521頁〕
北原保雄(1981b)『日本語の世界6　日本語の文法』(中央公論社)〔341～346頁〕
北原保雄(1984)「情報伝達と構文」『ユリイカ11月臨時増刊　総特集日本語』(青土社)
教科研東京国語部会・言語教育研究サークル(1963)『文法教育——その内容と方法——』(麦書房)〔231頁〕
金栄一(1984)「『新聞が読みたかったのです』のうちけし——『〜のだ』の文の一側面——」『日語学習与研究』第23号(対外経済貿易大学)
金田一春彦(1943)「中国人に日本語を教へて」『コトバ』第5巻第11号(国語文化研究所)
金田一春彦(1955)「日本語」『世界言語概説　下巻』(研究社)
金田一春彦(1957)「日本語動詞の変化——時・態・相および法——」『日本文法講座1　総論』(明治書院)
金田一春彦(1962)『日本語の生理と心理』(至文堂)〔59～60頁〕
金田一春彦(1981)『日本語の特質』(日本放送出版協会)〔247頁〕
金田一春彦(1988)『日本語　新版(下)』(岩波書店)〔151～153頁〕
草薙裕(1977)「日本語形容表現の意味——情報提供という観点から考察——」『文芸言語研究(言語篇)』第2巻(筑波大学文芸・言語学系)
草薙裕(1985)「文法形式が担う意味」『朝倉日本語新講座4　文法と意味II』(朝倉書店)
国広哲弥(1984)「『のだ』の意義素覚え書」『東京大学言語学論集'84』(東京大学文学部言語学研究室)

久野暲(1973)『日本文法研究』(大修館書店)[第18章「『のです』」]

久野暲(1983)『新日本文法研究』(大修館書店)[第8章「否定辞と疑問助詞のスコープ」、第12章「従属節の従属度」]

言語学研究会・構文論グループ(1985)「条件づけを表現するつきそい・あわせ文(三)——その3・条件的なつきそい・あわせ文——」『教育国語』第83号

紅葉山人(1888)「流行言葉」『貴女之友』第25号(山本正秀編『近代文体形成史料集成発生篇』所収、桜楓社、1978)

後藤格次(1932)『ローマ字と口語文典の新しい見方』(目黒書店)[140頁]

小林幸江(1980)「推量の表現及びそれと呼応する副詞について」『日本語学校論集』第7号(東京外国語大学外国語学部附属日本語学校)

小矢野哲夫(1981)「『のだ』をめぐる諸問題」『島田勇雄先生古稀記念ことばの論文集』(明治書院)

榊原政弥(1969)「提示構文について」『日本語教育』14号

阪田雪子(1971)「の」松村明編『日本文法大辞典』(明治書院)

阪田雪子・倉持保男(国際交流基金)(1980)『教師用日本語教育ハンドブック④ 文法Ⅱ 助動詞を中心にして』(凡人社)[78〜81, 114〜118頁]

佐久間鼎(1956)『現代日本語法の研究(改訂版)』(厚生閣)[103〜105頁]

佐治圭三(1972)「『ことだ』と『のだ』——形式名詞と準体助詞——(その二)」『日本語・日本文化』第3号(大阪外国語大学研究留学生別科)

佐治圭三(1980a)「昭和53・54年における国語学界の展望——文法(理論・現代)」『国語学』第121集

佐治圭三(1980b)「ことばの焦点9 中国における日本語教育」『言語生活』No.345

佐治圭三(1981a)「中国だより1 北京の春」『言語生活』No.355

佐治圭三(1981b)「"〜のだ"の本質」『日語学習与研究』第3号（北京対外貿易学院）

佐治圭三(1986a)「『〜のだ』再説——山口佳也氏・金栄一氏に答えて——」『日語学習与研究』第34号、第35号（対外経済貿易大学）

佐治圭三(1986b)「在中華人民共和国日本語研修センターにおける研修生の日本語研究紹介(その四)」『日本語学』第5巻第12号

沢田治美(1980)「日本語『認識』構文の構造と意味」『言語研究』第78号

島田勇雄(1963)『文論中心　口語文法』（明治書院）［161〜166頁］

霜崎実(1981)「『のである』考——テキストにおける結束性の考察——」『Sophia Linguistica:Working Papers in Linguistics』No.7（上智大学）

杉村博文(1980)「『の』『のだ』と『的』『是……的』」『大阪外国語大学学報(文化編・言語編)』第49号

杉村博文(1982)「『是……的』——中国語の『のだ』の文——」『講座日本語学12　外国語との対照Ⅲ』（明治書院）

鈴木重幸(1972)『日本語文法・形態論』（むぎ書房）［488〜489頁］

鈴木忍(国際交流基金)(1978)『教師用日本語教育ハンドブック3　文法Ⅰ　助詞の諸問題1』（凡人社）［179〜183,202〜209頁］

鈴木丹士郎(1969)「の——終助詞＜現代語＞」松村明編『古典語現代語助詞助動詞詳説』（学燈社）

鈴木暢幸(1906)『日本口語文典』（博文館）［125〜126頁］

鈴木暢幸(1937)「助動詞『です』の用法について」『国語教育』第22巻第10号

竹田恵子(1985)「助詞『の』をめぐって」『語学研究』第41号（拓殖大学語学研究所）

田島光平(1964)「『のである』の意味」『胎動』第20号（静岡県立島田高等学校）（『語法の論理』所収、笠間書院、1982）

立松喜久子(1980)「『の』と『こと』の互換性について」『アメリカ・カナダ十一大学連合日本研究センター紀要』第3号

田中章夫(1971)「なのだ」「なのです」「のだ」「のです」松村明編『日本文法大辞典』(明治書院)

田中望(1980)「日常言語における"説明"について」『日本語と日本語教育』第8号 (慶応義塾大学国際センター)

谷崎潤一郎(1929)「現代口語文の欠点について」『改造』第11巻第11号

谷崎潤一郎(1934)『文章読本』(中央公論社)[135～137, 157～165頁]

張麟声(1983)「『のだから』について」『在中華人民共和国センター紀要 日本語教育研究論纂』第1号 (国際交流基金)

陳達(1941)『実用日語文法』(北京、大華印書局)[154～155頁]

土屋信一(1974)「江戸語東京語の断定表現」『ことばの研究 第5集』(国立国語研究所)

土屋信一(1987)「浮世風呂・浮世床の『のだ』の文」『近代語研究 第七集』(武蔵野書院)

寺村秀夫(1971)「'タ'の意味と機能」『岩倉具実教授退職記念論文集 言語学と日本語問題』(くろしお出版)

寺村秀夫(1973)「感情表現のシンタクス」『言語』第2巻第2号

寺村秀夫(1978)「語法と社会通念」『日本語・日本文化』第8号 (大阪外国語大学研究留学生別科)

寺村秀夫(1979)「ムードの形式と否定」『英語と日本語と 林栄一教授還暦記念論文集』(くろしお出版)

寺村秀夫(1980)「ムードの形式と意味(2)——事態説明の表現——」『文芸言語研究(言語篇)』第5巻 (筑波大学文芸・言語学系)

寺村秀夫(1981)『上級文法教本 第4分冊』(三友社)[149～156頁]

寺村秀夫(1984)『日本語のシンタクスと意味Ⅱ』(くろしお出版) [305～311頁]

友定賢治(1977)「現代語の通時的考察——質問表現の文末形式につい

て――」『文教国文学』第7号（広島文教女子大学国文学会）
長尾章曹(1963)「井伏鱒二の作品における一問題――『のだ』終止の文を中心に――」『国文学攷』第30号
長尾章曹(1978)「主体の立場のある表現について――『のだ』終止の文を中心に――」広島文教女子大学国文学会編『岩佐正教授古稀記念国語学国文学論攷』（渓水社）
長田久男(1964)「『いいです』と『いいんです』」『口語文法講座3　ゆれている文法』（明治書院）
永野賢（国立国語研究所）(1951)『現代語の助詞・助動詞――用法と実例――』（秀英出版）［171～174頁］
永野賢(1952)「『から』と『ので』はどう違うか」『国語と国文学』第29巻第2号
永野賢(1958)『学校文法概説』（朝倉書店）［167～169頁］
永野賢(1986)『文章論詳説』（朝倉書店）［253, 326頁］
中村通夫(1937)「助動詞『です』の用法についての私見」『国語教育』第22巻第12号
中山崇(1950)「準体助詞『の』の通時的研究」『日本文学教室2』（蒼明社）
仁田義雄(1986)「現象描写文をめぐって」『日本語学』第5巻第2号
野村真木夫(1980)「連文論のための方法試論――現代日本語感覚文を視座として――」『国語国文研究』第63号（北海道大学国文学会）
波多野完治(1950)『現代文章心理学』（新潮社）［170～172頁］
林大(1964)「ダとナノダ」『講座現代語6　口語文法の問題点』（明治書院）
林謙太郎(1985)「準体助詞『の』の解釈」『語学研究』第41号（拓殖大学語学研究所）
林四郎(1960)『基本文型の研究』（明治図書出版）［第6章「運び文型」、第7章「結び文型」］

林四郎(1973)『文の姿勢の研究』(明治図書出版) [178〜185頁]
林四郎(1974)「文の承前形式から見た日英両語の比較」『東田千秋教授還暦記念論文集　言語と文体』(大阪教育図書)
日野資純(1962)「いわゆる接続助詞『ので』の語構成」『国語学』第52集
藤原与一(1944)『日本語——共栄圏標準口語法——』(目黒書店) [57〜58, 131〜134頁]
古田東朔(1969)「だ・です——断定＜現代語＞」松村明編『古典語現代語助詞助動詞詳説』(学燈社)
保科孝一(1911)『日本口語法』(同文館) [193〜199, 241, 283〜284, 291, 294〜295頁]
堀口和吉(1985)「『のだ』の表現性」『山辺道』第29号(天理大学国語国文学会)
本多勝一(1976)「日本語の作文技術8」『言語』第5巻第1号
マクグロイン・H・直美(1984)「談話・文章における『のです』の機能」『言語』第13巻第1号
松岡静雄(1926)『日本言語学』(刀江書院) [210〜224頁]
松岡弘(1987)「『のだ』の文・『わけだ』の文に関する一考察」『言語文化』第24巻(一橋大学語学研究室)
松下大三郎(1901)『日本俗語文典』(誠之堂書店) [130〜148頁]
松下大三郎(1924)『標準日本文法』(紀元社) [221〜222, 571〜573頁]
松村明(1947)「『の』の一つの用法について」『日本の言葉』第1巻第3号(日本の言葉研究会)
松本亀次郎(1919)『漢訳日本口語文法教科書』(笹川書店) [上巻217〜218頁]
三浦つとむ(1975)『日本語の文法』(勁草書房) [第3章「日本語の＜形式名詞＞——『の』とその使いかた——」]
三尾砂(1942)『話言葉の文法——言葉遣篇——』(帝国教育会出版部)

〔170～171, 312～314, 411～413頁〕
三尾砂(1948)『国語法文章論』(三省堂)〔84～89, 99～101頁〕
三尾砂(1960)「主語・総主・題目語・対象語」『口語文法講座2　各論研究編』(明治書院)
三上章(1943)「体言の役割」『コトバ』第5巻第9号(国語文化研究所)
三上章(1953a)『現代語法序説——シンタクスの試み——』(刀江書院)〔第3章第9節「『のである』」〕
三上章(1953b)「ハとガの使分け」『語文』第8号(大阪大学文学部国文学研究室)
三上章(1955)『現代語法新説』(刀江書院)〔344～345, 379～380頁〕
三上章(1963)『日本語の構文』(くろしお出版)〔18～22頁〕
水谷信子(1984)「誤用分析3　日本へあそびに来ませんでした——否定表現にかかわる非用の問題」『日本語学』第3巻第6号
水谷信子(1986)『日英比較話しことばの文法』(くろしお出版)〔第Ⅵ章「否定に関する比較」〕
三井昭子(1980)「接続助詞『から』と『ので』について」『ことば』第1号(現代日本語研究会)
三矢重松(1908)『高等日本文法』(明治書院)〔358～359頁〕
森田良行(1983)『日本語の表現』(創林社)〔98～104, 131～137, 165～168頁〕
山口佳也(1975)「『のだ』の文について」『国文学研究』第56号(早稲田大学国文学会)
山口佳也(1982)「『～から』と『～ので』のかかり先について」『国文学研究』第77号(早稲田大学国文学会)
山口佳也(1983)「『～のだ』の文の本質をめぐって」『日語学習与研究』第20号(北京対外貿易学院)
山口佳也(1987)「再び『～のだ』の文の本質をめぐって——佐治圭三氏の論に寄せて——」『日語学習与研究』第40号(対外経済貿易大学)

山崎久之(1970)「『の』による終止」『月刊文法』第2巻第9号

湯沢幸吉郎(1934)『国語科学講座VI国語法　口語法精説』(明治書院)[176〜179, 207頁]

湯沢幸吉郎(1954)『江戸言葉の研究』(明治書院)[第11章第10節「だ」]

吉岡郷甫(1906)『日本口語法』(大日本図書)[108〜109頁]

吉川泰雄(1950)「形式名詞『の』の成立」『日本文学教室3』(蒼明社)

吉田金彦(1970)「現代文における『の』の意味・用法」『月刊文法』第2巻第11号

吉田金彦(1971)『現代語助動詞の史的研究』(明治書院)[第5章第6節「『です』」]

吉田茂晃(1988a)「ノダ形式の構造と表現効果」『国文論叢』第15号(神戸大学国語国文学会)

吉田茂晃(1988b)「ノダ形式の連文的側面」『国文学研究ノート』第21号(神戸大学「研究ノート」の会)

凌大波(1985)「准体助詞"の"+"だ"的研究」『日語学習与研究』第30号(対外経済貿易大学)

Alfonso, Anthony(1966) *Japanese Language Patterns: A Structural Approach*. Sophia University L.L. Center of Applied Linguistics. [Volume 1, Lesson 15 'The form "no desu"']

Chamberlain, Basil H.(1888) *A Handbook of Colloquial Japanese*. London: Trübner & Co., Tokyo: Hakubunsha. [pp.69-70]

Hinds, John(1982) 'Interrogativity in Japanese,' William S. Chisholm, Jr. (ed.) *Interrogativity: a Colloquium on the Grammar, Typology, and Pragmatics of Questions in Seven Diverse Languages*. Amsterdam: John Benjamins.

Inoue, Masako(1974) *A Study of Japanese Predicate Complement Constructions*. Ph.D. dissertation, University of California, San Diego. [Appendix II NODA]

Kuno, Susumu(1973) *The Structure of the Japanese Language*. Cambridge: MIT Press. [Chapter 19 'No desu "It is that"']

Kuno, Susumu(1980) 'The scope of the question and the question in some verb-final languages,' *Papers from the Sixteenth Regional Meeting*. Chicago: Chicago Linguistic Society.

Kuno, Susumu(1982) 'The focus of the question and the focus of the answer,' *Papers from the Parasession on Nondeclaratives*. Chicago: Chicago Linguistic Society.

Kuroda, S.-Y.(1973) 'Where epistemology, style, and grammar meet: a case study from Japanese,' Stephen R. Anderson and Paul Kiparsky (eds.) *A Festschrift for Morris Halle*. New York: Holt, Rinehart, and Winston.

Makino, Seiichi and Michio Tsutsui(1986) *A Dictionary of Basic Japanese Grammar*. Japan Times. [pp.322-328]

McGloin, Naomi H.(1980) 'Some observations concerning NO DESU expression,' *The Journal of the Association of Teachers of Japanese* vol.15, no.2.

McGloin, Naomi H. and Hiroko Terakura(1978) 'On the assertive predicate NO DESU in Japanese,' *Papers from the Fourteenth Regional Meeting*. Chicago: Chicago Linguistic Society.

Mizutani, Osamu and Nobuko Mizutani(1984) *Nihongo Notes 6: Situational Japanese 1*. Japan Times. ['Negation of a reason', pp.138-139]

Rose-Innes, Arthur(1933) *Conversational Japanese for Beginners*. 5th edition. Yokohama: K. Yoshikawa & Co. [Part III, pp.100-101]

Takubo, Yukinori(1985) 'On the scope of negation and question in Japanese,' *Papers in Japanese Linguistics* vol.10.

あ と が き

　なお究めなければならない問題は少なくない。特に、「のダ」の使用条件を必要にして十分な形で提示できることを理想とするならば、本書において示し得たことがらは、その理想には遠く及ばない。将来の研究によって、「のダ」に関する理解がさらに深まることを願う次第である。

　本書が成るまでには、多くの方々から様々な形での恩恵をこうむった。そのすべてをここに記すことは不可能であるが、中でも、丹羽哲也、服部匡、早津恵美子、藤田保幸、前田広幸（五十音順）各氏には、原稿や校正の段階で、数々の有益な助言をたまわった。ここにあらためてお礼申しあげたい。

　最後に、本書のこのような形での出版をお引き受けくださった和泉書院の廣橋研三代表取締役に心からの謝意を表したい。

　1989年 秋

著　者

著者略歴

田野村 忠温（たのむら ただはる）

1958年生まれ。京都大学大学院博士後期課程修了。現在，大阪外国語大学外国語学部助教授。
論文に，否定疑問文小考(国語学152集)，「部屋を掃除する」と「部屋の掃除をする」(日本語学7巻11号)，不適条件表現に関する覚書(奈良大学紀要17号)，現代日本語の数詞と助数詞(奈良大学紀要18号)，文における判断をめぐって(アジアの諸言語と一般言語学，三省堂)，疑問文における肯定と否定(国語学164集)など。
訳書に，R.グリシュマン著「計算言語学」(共訳，サイエンス社)。

現代日本語の文法Ⅰ　「のだ」の意味と用法　IZUMI BOOKS 7

2002年10月25日　初版第一刷発行Ⓒ

著　者　田野村忠温

発行者　廣橋研三

発行所　和泉書院

〒543-0002　大阪市天王寺区上汐5-3-8
電話 06-6771-1467／振替 00970-8-15043
印刷　明新印刷／製本　北村製本／装訂　森本良成
ISBN4-7576-0179-4　C1381　　定価はカバーに表示

学生・社会人のための表現入門	榊原邦彦・藤掛和美 伊藤一重・池村奈代美 著	一〇〇〇円
日本文学と美術	光華女子大学 日本語日本文学科 編	二五〇〇円
梅の文化誌	梅花女子大学 日本文学科 編	二三〇〇円
漱石と異文化体験	藤田榮一 著	二五〇〇円
批評の現在 哲学・文学・演劇 音楽・美術	懐徳堂記念会 編	二六〇〇円
異邦人の見た近代日本	懐徳堂記念会 編	二六〇〇円
上方浮世絵の世界	松平 進 著	三一〇〇円
大坂怪談集	高田 衛 編著	二〇〇〇円

（価格は税別）